电力市场环境下共享储能调节服务模式与定价策略

许小峰　刘敦楠　著 ◆

中国电力出版社

CHINA ELECTRIC POWER PRESS

内 容 提 要

在国家能源战略背景下，新能源进入高质量跃升发展阶段，呈现大规模、高比例和市场化等特征。新型电力系统建设要想实现安全、绿色和经济等目标，就要解决高比例新能源消纳问题。储能作为促进电力电量平衡的关键手段之一，对维护系统安全、消纳清洁电力具有重要意义。然而，如何保证储能收益，实现各类市场主体共赢是值得研究的一个课题。

本书以储能运营商为视角，以共享服务为基本理念，探索了储能为工商业用户提供峰谷调节服务、为新能源企业提供曲线追踪服务、为发用市场主体提供偏差调节服务等商业模式，充分挖掘储能的调节价值，结合电力市场实际论证不同商业模式下各主体的收益情况，证明商业模式的可行性。

本书可供储能商业模式行业从业人员及相关专业高校师生等人员参考使用。

图书在版编目（CIP）数据

电力市场环境下共享储能调节服务模式与定价策略/许小峰，刘敦楠著. -- 北京：中国电力出版社，2025.8. -- ISBN 978-7-5198-9546-4

Ⅰ. F426.61

中国国家版本馆 CIP 数据核字第 2025F4F971 号

出版发行：中国电力出版社
地   址：北京市东城区北京站西街 19 号（邮政编码 100005）
网   址：http://www.cepp.sgcc.com.cn
责任编辑：石 雪（010-63412557） 杨芸杉
责任校对：黄 蓓 李 楠
装帧设计：王红柳
责任印制：钱兴根

印   刷：固安县铭成印刷有限公司
版   次：2025 年 8 月第一版
印   次：2025 年 8 月北京第一次印刷
开   本：710 毫米×1000 毫米 16 开本
印   张：10.25
字   数：166 千字
定   价：40.00 元

前言 ABSTRACT

　　在国家能源安全、能源清洁化转型、"碳达峰、碳中和"和新型电力系统等多项能源战略下，我国新能源进入高质量跃升发展新阶段，风光等新能源呈现大规模、高比例和市场化等特征，工商业用户全面入市呈现海量分散、负荷预测基础较弱和市场化等特征。供需双侧随机性对传统电力系统运行和电力市场建设产生了深远影响，电力系统对共享储能的需求日益增加。本书聚焦工商业用户多市场购电优化决策难、高比例新能源消纳受限和多市场主体购售电偏差风险大三个关键问题，将投资组合、源荷互动和保险经济学等多学科理论与新型电力系统体系下电力市场建设中各市场主体面临的痛点问题结合起来，探究共享储能面向源–荷多市场主体的购电优化服务、弃电曲线追踪服务和偏差互保服务模式，研究计及预测和决策的共享储能服务优化决策技术，为共享储能平衡调节服务的理论和实践提供依据。本书主要研究内容如下：

　　（1）从新型电力系统下电力系统平衡面临的净负荷峰谷差不断扩大、高比例新能源强波动性和系统实时平衡偏差增大等问题出发，分析了系统对共享储能的服务需求，考虑预测决策过程设计了共享储能面向工商业用户提供购电优化服务、面向新能源企业提供曲线追踪服务和面向多市场交易主体提供偏差互保服务的三种共享储能商业模式。

　　（2）分析了在电力市场环境下工商业用户参与年度交易、月度交易、月内交易和现货交易等多市场购电决策的条件，归纳了工商业用户在参与多市场购电时所需的电量、电价预测方法，在已有研究方法基础上提出了基于趋势外推与因素识别的改进预测方法，建立了考虑共享储能的工商业用户多市场购电的优化模型，进而构建了共享储能运营商提供购电优化服务的定价模型，为共享储能提供购电优化服务及其优化运行策略提供技术支撑。

　　（3）研究了考虑共享储能的新能源弃电曲线追踪优化策略，探索了共享储能与新能源开展弃电曲线追踪交易的新品种，建立了考虑新能源弃电曲线挂牌和共享储能弃电曲线摘牌的弃电曲线追踪交易模型，演绎了共享储能与新能源之间的交易过程，进而建立了考虑共享储能的新能源弃电曲线追踪优化模型，为共享储能参与新能源弃电曲线追踪交易提供模型支撑。

（4）研究了面向多市场主体的共享储能偏差互保服务与定价模型，将保险经济学理论应用到电力市场中，设计了面向多市场主体的共享储能偏差互保服务模式，对共享储能偏差互保服务的个体可能出现的偏差和群体出现偏差的概率进行了量化表征，进而构建了共享储能偏差互保服务的优化决策与定价模型，为解决多市场主体电量预测精度不高、购售电交易偏差电量大导致的偏差考核成本较高问题提供了理论方法。

（5）结合本章研究结论，在分析当前储能产业支持政策、发展规划、电力市场建设和共享储能实践情况的基础上，提出了考虑平衡调节服务的共享储能相关政策、市场机制和运营管理等方面的建议，阐述了支持共享储能新业态、新模式先行先试，完善保障共享储能商业模式落地的配套市场机制，制定共享储能运营商及其相关利益主体的市场行为规范等对储能发展的意义，为共享储能面向多元化市场主体提供多样性服务提供了技术支撑与理论参考。

本书承蒙国家自然科学基金面上项目"考虑群体社会行为的电动汽车充放负荷聚合调控优化方法及模型构建"（72171082）的资助，特此致谢。

华北电力大学李根柱、梁家豪、王瀚甫、郭伟嘉、陈彧辰等参与了本书的校对工作，在此表示衷心感谢。书中不足之处，敬请读者批评指正。

许小峰　刘敦楠

2025 年 6 月

目录 CONTENTS

第 1 章

概　述

1.1　研究背景及意义

1.1.1　研究背景

在国家能源安全、能源清洁化转型、"碳达峰、碳中和"和新型电力系统等多项能源战略下，新能源呈现出大规模、高比例和市场化等特征，工商业用户全面入市呈现海量分散、负荷预测基础较弱和市场化等特征。供需双侧随机性对传统电力系统运行和电力市场建设产生了深远影响，电力系统对灵活储能的需求日益增加。

"十四五"时期是我国新能源发展的关键时期，是实现碳达峰的关键历史窗口，面临既要大规模开发、又要高水平消纳、更要保障电力安全可靠供应等多重挑战。新能源高随机性和高波动性导致新能源预测精度不高，增加了维持电力平衡的难度，提高了系统平衡备用需求；其反调峰性，由于新能源大发与负荷高峰时段不匹配，导致系统净负荷峰谷差增大，增加了传统机组的系统调节压力；新能源高比例发电，压缩了火力发电等传统机组运行负载，导致传统以源随荷动的电力系统平衡控制方式难以适应，电力系统实时供需平衡运行调整与灵活调节控制能力被削弱，给电网安全稳定运行带来了新的挑战。

随着电力市场化改革的深化，工商业用户全部进入市场，传统以全网负荷预测为基础的电网运行和发电计划制定难以适应新的形势。工商业用户面临高电价、负荷预测精度不高和难以适应高频市场交易需求等问题。一方面，电力中长期市场和现货市场的开展，使得电能商品的时间价值快速凸显，负荷尖峰时段出现高电价，部分工商业用户由于用电高峰与高电价时段重合，导致用电成本升高。另一方面，工商业用户在统一销售目录电价下不需要对用电量和用电负荷进行预测，缺乏对电量和负荷预测的数据积累，工商业用户的预测能力也参差不齐，导致市场交易偏差较大。

储能作为一种灵活性资源逐渐被专家学者和从业人员认可，利用储能帮助新能源和工商业用户解决上述问题成为一种新思路。近年来的研究和实践表明，电源侧储能、电网侧储能和用户侧储能都在一定程度上解决新能源发电、电力系统运行和用户友好入市等问题，但由于储能技术的发展和产业化的推进，仍然面临建设成本较高的问题。虽然国家密集出台了多项政策支持储能技术进步，加快降低储能成本，但仍难以满足市场对储能的需求。

在电源侧储能、电网侧储能和用户侧储能的建设和实践中，我们发现部分项目出现了储能利用率低、盈利模式单一和经济效益不佳等问题。在电源侧、电网侧、用户侧单独建设储能，由于储能只服务于单一投资主体，储能投资主体根据系统运行和市场环境，在需要时调用储能，在不需要时则出现了储能闲置状态，导致储能投资不能快速回收。随着电能量市场、辅助服务市场的不断完善，部分省份将储能列入了市场主体，允许储能参与调峰、调频和备用等市场获得收益，但电力市场建设进程尚未满足储能投资主体的收益预期，缺乏对储能投资的有效激励。电源侧、电网侧和用户侧自建储能、独立储能等发展遇到瓶颈。因此，部分专家提出了"共享储能"和"云储能"的概念。

国外对共享储能的研究主要集中在用户社区共享储能，诸多学者提出利用区块链技术实现社区共享储能与用户、分布式发电等之间的点对点交易，对外实现用户与共享储能联合参与电能量、辅助服务和需求响应市场的竞价与交易。国内较早地提出了云储能的概念，将分散在电源侧、电网侧和用户侧的储能，利用信息技术聚合起来，建立了基于电网的储能服务模式，使得用户可以随时、随地、按需使用电网中的共享储能资源池。但共享储能面向新能源企业、工商业用户和电网企业等市场主体的服务策略研究还处于初期阶段。

已有研究共享储能对不同的服务模式进行了不同程度的探索，我们发现共享储能提供服务商业模式的关键在于市场主体有平衡调节的需求。从电能量市场的角度看，对于工商业用户来说，其需要共享储能平衡调节服务目的是降低用电的成本，通过储能的灵活充放，避免用电高峰与高电价时段产生重合，同时减少预测偏差，避免参与市场带来的偏差考核费用；对于新能源企业来说，其需要共享储能平衡调节服务的目的是提高发电的收益，通过减少低电价售电，获取更高的发电收益，同时减少预测偏差，避免参与市场带来的偏差考核费用。

综上，以"共享"的方式推动储能产业的发展是目前较为可行的模式，为打破电源侧、电网侧和用户侧单独建设储能的经济收益瓶颈，利用共享经济的理念，将闲时沉睡的储能资源利用起来，不仅减少了资源的浪费，也为储能投资者创造了额外的收益。共享储能提供平衡调节服务的商业模式需要市场需求作为支撑，共享储能在为新能源企业和工商业用户提供平衡调节服务需求时如何进行优化决策更是其商业模式能否真实盈利的关键。

因此，本章针对当前储能发展面临的问题，从多元市场主体的平衡调节需求出发，研究设计共享储能面向工商业用户、新能源企业和多市场主体的服务模式，结合各主体与共享储能联合运行场景构建其优化决策模型，为商业模式的实践提供理论与技术支撑，并从储能发展政策、市场机制和运营模式等方面提出可行建议，为读者及相关从事研究的同志提供参考。

1.1.2 研究意义

1. 理论意义

本章基于投资组合、源荷互动和保险经济学等多学科理论基础，针对双碳背景下新能源大规模接入电网后，电力系统面临的平衡调节需求，在电力市场背景下研究共享储能的服务模式及其优化策略。将共享储能的收益模式和经营策略转化为经济行为，将储能盈利能力转化为运行优化策略，通过优化建模和案例验证，证明本章提出的共享储能服务模式具有理论依据，为共享储能产业发展、市场机制和运营策略提供新的理论方法和决策工具。因此，本章的理论意义主要包括以下四个方面：

（1）基于共享经济理念提出共享储能商业模式，将闲时沉睡的储能资源聚合为共享资源池，有助于提高储能设备的利用效率，加快储能电站建设投资回报。从电源侧、电网侧和用户侧储能市场需求出发，对比储能在"源–网–荷"各环节中的市场需求，在此基础上提出面向新能源企业、工商业用户和多市场主体等平衡调节需求的共享储能服务模式，对共享经济理论进行探索和实践。

（2）考虑投资组合决策提出多市场购电优化策略，结合工商业用户购买电能商品的业务场景，分析工商业用户在年度交易、月度交易、月内交易和现货交易等多市场中的购电行为，建立了工商业用户与共享储能联合参与多市场购电优化决策模型，对比工商业用户独立购电决策与联合共享储能购电决策的成本情况，计算出共享储能运营商向工商业用户租赁储能容量的定价边界，为共享储能运营商和工商业用户进行决策提供了量化方法和理论支撑。

（3）基于源荷互动理论提出共享储能追踪新能源弃电曲线的交易模式，在国内大量源网荷储互动示范交易实践的基础上，总结凝炼通用的理论方法，围绕新能源企业减少弃电的切实需求，通过新能源弃电曲线挂牌，共享储能运营商摘牌的方式组织弃电曲线追踪交易，建立新能源企业与共享储能挂牌交易模型，构建共享储能追踪新能源弃电曲线的充放电策略优化模型，为新能源企业减少弃电提供创新模式，为共享储能运营商参与弃电曲线追踪交易决策提供了模型算法和技术支撑。

（4）基于保险经济学理论提出共享储能偏差互保服务模式，将电力市场中多主体参与交易可能出现的偏差作为保险标的，由共享储能提供担保服务，为精确计算共享储能偏差互保服务的定价边界，建立市场主体偏差密度计算和群体偏差概率计算模型，构建共享储能偏差互保服务优化决策与定价模型，将保险这一金融产品应用到电力市场中，进一步丰富电力市场生态，有助于培育新兴业态，为共享储能在更大市场范围内共享资源提供了理论支撑。

2. 实践意义

本章在深入国内实践基础上，总结凝炼了新型电力系统体系下电力市场建设中各市场主体面临的主要痛点。一是市场环境下工商业用户用电高峰与高电价时段重合导致用电成本升高；二是新能源高比例大规模接入电网带来消纳受限、出现弃电；三是新能源和电力用户供需双侧随机性导致发用电功率预测精度不高和偏差电量难以平衡。因此，本章通过研究论证，从发展政策、市场机制和运营策略三个方面为解决上述三个实际问题提供了关键支撑。

（1）在国家产业发展政策方面，将共享储能市场交易与产业布局进行有机结合，可支持储能产业发展规划、新型储能商业生态指导意见和共享储能管理规范等产业政策的制定。共享储能商业模式其本质是创新储能电站的运营模式，促进各项储能技术实践落地，在考虑经济性的前提下，促进技术成果转化。因此，国家在制定储能产业发展政策时，一方面要关注储能技术的攻克，另一方面要关注储能的市场潜力。本章通过研究共享储能商业模式，为在各项储能技术不同发展阶段提供投资税收减免、电价补贴、发电权奖励和电费折扣等政策支持提供了实践依据。

（2）在储能参与市场机制方面，从市场主体面临的切实问题出发，厘清共享储能提供平衡调节服务的市场对象，明确市场主体对共享储能的需求，可支持市场组织机构制定市场规则和交易机制。共享储能不仅可以作为独立市场主体参与调峰辅助服务、调频辅助服务和备用辅助服务等，还可以面向新能源企业和工商业用户等多市场主体提供差异化服务。市场组织机构应出台支持共享储能开展多元服务的市场规则，如允许共享储能运营商与工商业用户联合参与市场交易、组织共享储能运营商与新能源企业之间开展弃电曲线追踪的互动交易、完善新能源企业和工商业用户的电量偏差考核机制，完善由共享储能运营商提供偏差担保服务的创新机制。

（3）在储能运营管理模式方面，通过共享储能与工商业用户联合优化购电建模、共享储能追踪新能源弃电曲线充放策略优化建模和共享储能偏差互保服务优化及定价建模，为共享储能运营商实践经营提供了策略方法。共享储能运营商可依据本章提出的模型算法，结合实际的交易场景进行匹配调整，在购电优化服务、弃电曲线追踪服务和偏差互保服务中制定合理的运行策略，给储能电站能量管理系统提供充放电指令。

综上，本章将投资组合、源荷互动和保险经济学等多学科理论与新型电力系统体系下电力市场建设中各市场主体面临的痛点问题结合起来，通过研究综述、方法路径、模型构建、案例验证和政策建议梳理等工作，为共享储能平衡调节服务的理论和实践提供了研究参考，具有重要的现实意义。

1.2 国内外研究现状

1.2.1 共享储能运营模式研究

在可再生能源大规模并网、储能自身优质物理特性和储能利好政策引导等因素的共同作用下，储能技术与产业迅速发展，成为新型电力系统的重要主体是储能业的必然趋势。但受限于储能的投资成本居高不下，所提供的商业服务没有配套的市场机制等问题，现今主流的分布式储能难以满足市场需求，因此具有丰富储能的盈利模式，激发储能投资的积极性作用的"共享储能"运作方式成为在分布式储能基础上拥有巨大发展潜力的新趋势。本节从储能的相关政策和发展动态、共享储能的作用机理、商业模式实践及共享储能的优化运行的研究现状进行梳理与深入分析。

1. 储能的相关政策和发展动态

储能近年来得到了持续的政策支持和积极的发展利好。新一轮电力体制改革后，我国关于储能的政策密集出台，储能产业得到了长足发展。国家能源局发布了一系列政策文件，明确了储能技术创新、产业发展和市场机制等方面的方向。在电力系统应用方面，强调储能提高电力系统调峰调频能力作用，并经过长时间的技术研究和实践论证，开展多种形式储能的应用。在储能建设形式方面，提出风光储、风光水火储和源网荷储等形式，为储能建设提供了明确路径，突出了储能与火力发电、水力发电、风光互补发电系统等新能源、微网和负荷等多主体的融合。在市场机制方面，从调峰、调频和备用辅助服务市场、电能量市场等方面，强化储能配套机制建设，加强储能参与市场的支撑手段。在储能技术方面，鼓励探索电化学储能、空气压缩储能、飞轮储能、氢储能和储冷储热等多技术方向。在储能运营方面，鼓励探索多种商业模式，并明确将共享储能作为未来储能生产的重要方向。共享储能正是在不断地实践和探索过程中提出的储能可持续发展模式之一，当前共享储能仍处于发展初期阶段，相关政策机制、市场规则、标准体系和管理规范等还不成熟，随着储能相关政策的不断完善，储能产业发展的不断升级，共享储能将逐渐成为储能发展的重要保障。国内储能相关政策见表 1-1。

表 1-1   国内储能相关政策

时间	政策名称	发展动态
2016 年 5 月	《关于推进电能替代的指导意见》	推广应用储能装置，提高系统调峰调频能力
2016 年 12 月	《能源发展"十三五"规划》	加快优质调峰电源建设，积极发展储能，显著提高电力系统调峰和消化可再生能源能力
2017 年 10 月	《关于促进我国储能技术与产业发展的指导意见》	建立较为完整的产业体系，成为能源领域经济新增长点，实现商业化初期向规模化发展转变
2017 年 10 月	《关于开展分布式发电市场化交易试点的通知》	鼓励分布式发电项目安装储能设施
2017 年 11 月	《完善电力辅助服务补偿（市场）机制工作方案》	鼓励储能设备、需求侧资源参与提供电力辅助服务，允许第三方提供参与电力辅助服务
2019 年 1 月	《关于促进电化学储能发展的指导意见》	支持各类主体按照市场规则投资、建设、运营储能系统
2019 年 2 月	《关于促进电化学储能健康有序发展的指导意见》	有序开展储能投资建设业务
2019 年 7 月	《关于促进储能技术与产业发展的指导意见》	具体落实四部门的工作重心和任务部署，各部门各司其职保障储能产业化应用
2020 年 8 月	《关于开展"风光水火储一体化""源网荷储一体化"的指导意见（征求意见稿）》	规范独立储能和用户可控负荷参与电力调峰市场的组织与实施，实现源、网、荷、储的深度融合
2021 年 7 月	《关于加快推进新型储能发展的指导意见》	到 2030 年实现新型储能全面市场化发展，鼓励储能多元发展，进一步完善储能价格回收机制，支持共享储能发展

续表

时间	政策名称	发展动态
2021 年 8 月	《关于鼓励可再生能源发电企业自建或购买调峰能力增加并网规模的通知》	鼓励发电企业市场化参与调峰资源建设，超过电网企业保障性并网以外的规模初期按照功率 15% 的挂钩比例配建调峰能力，按照 20% 以上挂钩比例进行配建的优先并网
2022 年 1 月	《"十四五"新型储能发展实施方案》	支撑构建新型电力系统，加快推动新型储能高质量规模化发展
2022 年 6 月	《关于进一步推动新型储能参与电力市场和调度运用的通知》	储能可作为独立主体、可与配建电源联合、可部分联合部分独立，参与电力市场交易
2023 年 6 月	《新型储能标准体系建设指南》	将新型储能标准体系框架划分为基础通用、规划设计、设备试验、施工验收、并网运行、检修监测、运行维护和安全应急八个方面

2. 共享储能的运作模式

国内外正在研究的共享储能运作模式大致可以分为三类。

第一类是应用于园区、邻里等区域型的共享储能模式。参考文献[2]提出适用于工业园区的共享储能主要由储能装置、控制中心、光伏阵列等结构组成，并以不间断电源为目标建立储能的容量配置模型。参考文献[3]提出适用于商业园区的共享储能系统架构，并以园区运营商收益最大化和用户成本支出最小化为目标建立双层优化模型。参考文献[4]调查了德国和澳大利亚的 8 个典型家庭式共享储能项目，分析了依托家庭住宅区建立共享储能的商业模式和障碍。参考文献[5]对"零碳园区"进行仿真建模，对比园区内无配置储能电站、自配储能电站、共享储能电站三种方案下优化调度与经济评估结果。参考文献[6]对比了拥有太阳能光伏板住宅区使用个体储能和共享储能的差异，在考虑需求响应的情况下建立数学优化模型验证不同储能模式下的成本和储能利用率。

第二类共享储能的运作模式也称为云储能。云储能系统主要由购买储能容量的用户、运营商和分布式储能资源构成，该形态下的共享储能采用了计算机中云的概念，云储能将电化学储能、机械储能、抽水蓄能等多种储能技术聚合，形成一个电网级的储能云，为电力市场中各个主体提供储能服务。参考文献[10]和[11]提出基于云储能的风电场运营框架，建立储能容量最优配置模型，算例结果显示，通过租赁云储能以达到平抑风力发电波动的作用，同时提高云储能供应商的收益。参考文献[12]提出了云储能支持 P2P 能源交易的体系结构，并基于乘数交替方向法，提出一种可以提高可再生能源渗透率和节约经济效益的分布式算法。

第三类共享储能的发展方向为虚拟储能，可将其看作基于储能的虚拟电厂。虚拟储能系统通过需求响应的方式实现电能量在聚合可控负荷之间的转移，进而维持系统的能量平衡，是一种间接的电能储存方式。虚拟储能系统是电池储能系统的有效补充资源，参考文献[14]构建了两阶段的智能电网规划和运行体系，通过仿真验证表明虚拟储能系统对智能电网和电池储能在经济上及最优配置上都有一定提升。参考文献[15]研究了一种用户间的虚拟储能共享机制，并提出两阶段优化模型，第一阶段为确定储能的投资和定价的决策层，第二阶段为确定虚拟容量以及虚拟储能的操作层。参考文献[16]提出基于温控负荷的虚拟储能控制策略及集群调度，算例结果表明虚拟储能的多样性对虚拟储能系统的控制效果有显著影响。为了使日益复杂的低碳建筑能源系统更加智能化，参考文献[17]建立了基于虚拟储能系统的经济调度模型，研究结果表明建筑物的相关物理参数对虚拟储能系统的调度影响较大。

3. 共享储能的商业模式实践

近年来，共享商业模式在能源交易行业的成功实践，例如英国的 Piclo P2P 交易平台项目、德国的 sonnenCommunity P2P 交易平台项目以及美国的 Yeloha 和 TransActive Grid 自动能源交易平台项目，使得研究人员致力于探索共享储能的商业模式。共享储能是共享经济理论在电力行业的拓展，在实际应用中表现为权衡效率和公平的资源共享问题，通过将储能的所有权与使用权分离，使得储能的使用者不需要拥有储能能力即可享有储能的使用权，储能的所有者可以通过向多方出售储能容量来获取更高收益。

青海省较早提出由第三方投资共享储能的商业模式，并通过鲁能海西多能互补储能电站作为重点示范工程，项目结果表明共享储能的商业模式有助于提高新能源的利用率。从发电侧共享储能角度看，共享储能又被划分为集中式以及分布式，分布式共享储能主要适用于单体发电量大的新能源厂，集中式共享储能适用于单体发电量小新能源厂的汇集处。用户侧共享储能的主要商业模式为，用户及储能所有者根据自身能力需求将购买决策和充放电需求提交至共享储能平台，平台将信息进行整合并以利益最大化为目标制定运行策略。针对储能电池对投资者没有吸引力的问题，参考文献[29]提出了一种基于共享经济原则的储能商业模式，即通过将储能容量分配给不同的用户或在一天的不同时间分配不同的服务或两者混合实践。参考文献[30]基于商业画布理论的九个要素分析了共享储能的商业模式,并指出现有共享储能商业模式场景不明确、商业体系不完善等问题。为缓解电动汽车电池的退役压力,参考文献[31]基于非合作博弈论模型研究了共享储能商业模式对电动汽车退役电池和分布式光伏系统的经济性进行研究,并对单体储能电池、共享储能电池和共享光伏发电等场景进行仿真分析。

4. 共享储能的优化运行

(1)管理策略。共享储能管理策略的目的在于以公平协调每个产消者的好处分配为前提,将共享储能的收益最大化,现有研究主要通过经济学和运筹学的理论来解决公平与效率问题。参考文献[32]对共享储能体系进行非合作博弈单独优化和合作博弈联合优化,对共享储能系统的充放电计划和调度进行优化。参考文献[33]建立了一种基于定期拍卖的资源分配机制,通过建立可以实现定期拍卖和连续市场清算的灵活性平台,将共享储能资源商业化以分配物理储存权。参考文献[34]对住宅小区共享储能的典型场景进行研究,考虑服务价格和需求弹性的相互作用,提出了服务定价和负荷调度的方法。

(2)规模设定。共享储能的规模在储能系统的设计和运行中起着重要的作用,合适的储能系统规模可以降低共享储能系统成本,提高资源利用率。参考文献[35]考虑不同季节、时段、负荷和资源变化,设计了一个多阶段随机程序模型,进而确定共享社区环境下的最优储能规模。参考文献[36]提出了一种随机分级方法,用于在具有不同需求水平的任意数量消费者的网络中对共享储能进行分级。参考文献[37]对全寿命周期下的储能电站成本、收益进行建模,建立多场景下的共享储能容量配置优化模型,分析投资回收周期及共享储能模式的经济性。

(3)控制策略。控制策略是共享储能体系运行的核心部分,其起到保证储能容量调动和有效实施和系统的安全高效运行的作用。参考文献[38]为有效利用退役动力电池的全生命周期,按照不同时段的需求差异对储能系统资源分级,在此基础上建立了包含退役电池的共享储能分级调控策略。参考文献[39]提出协作决策框架,采用双目标混合整数线性规划进行算例分析,为建筑集群之间的共享能源和储能提供运营决策。参考文献[40]针对新能源场站集群的大规模共享储能系统参与调频市场交易策略,建立了储能系统参与日前市场的申报决策模型，并采用混合整数线性规划进行求解，算例结果验证该模型对共享储能系统的经济性、运行效率具有积极作用。

1.2.2　电力用户购电决策研究

纵观各国电力市场改革进程，虽然国情不同、改革路径不同，但给予用户自由选择权一直是电力市场化改革的核心。零售侧市场的逐步开放主要是通过释放用户选择权的方式引入竞争，允许用户自由选择与电力零售或发电企业进行交易，或者直接参与批发市场。欧盟国家在 2007 年完成了全面放开用户自由选择供货商的改革。美国各州可以自行选择零售市场和批发市场，代表性的市场分别为竞争性的得克萨斯州市场和集中式的美国宾夕法尼亚州-新泽西州-马里兰州（Pennsylvania-New Jersey-Maryland，PJM）市场。日本于 2013 年允许所有用户自由选择售电商，并在 2016 年后实施了全面零售竞争。《中共中央国务院关于进一步深化电力体制改革的若干意见》（中发〔2015〕9 号）文件发布后，国家发展和改革委员会、国家能源局印发了一系列电力体制改革配套文件，自此以后社会资本大规模进入电力行业，配售电公司、售电公司、大用户等新兴市场主体大量涌现，电力用户的购电策略更加复杂化。

1.　购电成本分析

受到价格不确定性、购电量不确定性和成本控制方法选择难等因素影响，如何降低购电成本、拓展利润空间，成为电力用户的重要议题。电力用户购电成本的影响是多方面的，包括供需不确定性、电力电量平衡及购电空间优化等。参考文献[46]研究了电力改革背景下考虑多种不确定因素对用户购电成本影响，以省内省外购电成本最小为目标，提出省内省外电网企业购电成本控制策略。参考文献[47]引入序列运算理论对电力多角度供需平衡不确定性进行描述，提出了不确定型电力电量平衡的理念，并对电力用户的购电成本风险进行分析。参考文献[48]采用数据仓库（extract-transform-load，ETL）技术建立基于数据仓库技术的多口径购电成本分析系统，向用户提供成本查询、分析和处理功能，为电网企业建立多口径多维度的购电分析系统提供参考。参考文献[49]对购电成本结构进行分析，建立购电成本的管理模型，并基于此提出合理利用增量调度顺序，开展跨区跨省交易等降低购电成本方法。

2.　购电决策策略

在电力改革的背景下，用户的购电决策方法成为交易环节重要的一环。参考文献[50]提出了一种基于最低和最高电力交易价格的 P2P 电力交易策略,即根据电力交易场景计算了最低和最高电力交易价格,以实现能源生产者和消费者利润最大化。参考文献[51]提出一种稳健的电力零售商决策优化方法,考虑需求响应对总采购成本的影响,提出基于分时段需求响应的电力零售商最优竞价模型,采用鲁棒混合整数线性规划方法进行求解,为电力零售商最优报价策略提供依据。参考文献[52]以洛杉矶电力市场为研究对象建立了确定性日前购电决策模型,并引入信息缺口决策理论,将确定性模型转化为风险规避和风险寻求两种不同风险态度下的洛杉矶日前购电决策模型。参考文献[53]基于大数据时代背景下使用神经网络模型对用户负荷进行预测,并在此基础上构建电力零售商投标策略的贝叶斯博弈模型,获取不同概率分布下的贝叶斯纳什均衡从而得到最优竞价策略。

3. 用户参与多市场组合

购电决策设计市场众多,有针对物理电能量市场、辅助服务市场、绿证市场以及偏差平衡市场等不同交易品种。在电网企业参与多市场组合方面,研究学者利用多种形式的量化方法,解决了有效分散资产如何形成最优投资组合的问题。参考文献[54]结合我国现有电力市场省间省内两级运作的模式,在电能量市场和绿证市场两个市场中进行组合交易,以购电成本和风险最小为目标建立购电优化模型,根据算例分析结果提出了考虑可再生能源配额的用户侧购电策略。参考文献[55]基于金融风险领域的投资组合优化理论,综合考虑风险和预期购电成本,提出了一种新的地方配电公司最优购电模型。参考文献[56]研究了区域电网的月购电优化问题,引入 SHARP 比率作为购买收益-风险评估的指标,将月购方案细化至峰、谷和平期,计算了火力发电、风力发电在不同时期的最优购电量。参考文献[57]将博弈论理论引入购电决策,建立双方叫价拍卖博弈模型,通过计算贝叶斯纳什均衡点,以实现购电电价最优和用户利润最大化。

1.2.3　源网荷储互动交易研究

2021 年,国家发展改革委、国家能源局联合印发的《关于推进电力源网荷储一体化和多能互补发展的指导意见》中首次提出了"源网荷储一体化"概念。2022 年,国家发展和改革委员会、国家能源局联合印发《"十四五"新型储能发展实施方案》明确新型储能电力市场主体地位,推动新型储能参与各类电力市场,完善与新型储能相适应的电力市场机制。在新政策背景下,电力系统的结构从传统的"源网荷"交易互动过渡到"源网荷储"交易互动，电化学储能、飞轮储能、压缩空气储能等储能技术快速发展为新型电力系统提供了极大的发展空间，储能本体技术、储能电池管理技术、储能系统的集成应用及经济性分析等新的研究方向也为源网荷储一体化提供了新思路，加速了发电侧、电网侧和用户侧主体适应清洁能源大规模并网的新型电力系统。

1. "源-储"互动

储能在调节新能源发电具有的间歇性、不可调度性和难预测等特征上，具有极大的潜力。储能系统协同电源侧运行可以提高新能源消纳水平、减缓弃风弃光现象；可以平滑电力输出，提升电能质量；可以平抑新能源预测偏差，实现发电企业和储能主体互利共赢。参考文献[67]提出一种基于云储能服务的风电场系统框架，考虑弃风惩罚成本计算风电场最优储能容量配置。参考文献[68]针对太阳能、风能等可再生能源所带来的电网频率不稳定问题，提出一种用储能电站和抽水蓄能解决可再生能源波动问题方案，并计算了未来电力系统中新能源的波动率。参考文献[69]分析了储能和风光互补电站的互补特性，通过储能为其提供平衡波动和备用用量，提供风光储联合竞标策略以实现集群利益最大化。

2. "网-储"互动

储能系统协同电网侧运行可以提高调频调峰能力，有助于清洁能源并网；可以替代电网升级改造，降低电网扩建成本；可以缓解输配电系统阻塞的情况，优化潮流分布。众多学者对电网侧储能的经济效益、控制策略和容量优化等内容进行研究。参考文献[81]提出了一种光伏发电-储能系统黑启动分层优化策略，并指出与传统黑启动服务相比由储能系统提供黑启动服务可以实现毫秒级响应，提升区域电网黑启动能力。参考文献[82]分析了不同电网服务和储能技术的特点，提出了基于模糊逻辑的电网侧储能技术选择方法。

3. "荷-储"互动

就负荷侧而言，储能系统可作用于工业园区、用户侧微电网及普通用电系统。储能系统的参与可以降低容量配置，实现用户与电网的供需平衡；可以帮助用户进行柔性生产，降低电费并提高用户用能灵活性；可以应急备用，降低用户停电损失。参考文献[87]搭建了共享储能资源网络化运营平台架构，以用户成本最小、低碳效益最优为目标建立用户侧储能共享与协同调度模型，算例结果表明该方法可以削峰填谷，提升储能利用率。参考文献[88]考虑了延迟改造收入、政府补贴收入、辅助服务收入和全生命周期成本因素，根据成本效益分析提出了用户侧储能优化配置模型，并选取辅助服务、调峰和需求响应三种情景进行算例分析。

4. 源网荷储互动交易关键支撑技术

智能感知技术可以连接新型电力系统的数字空间与物理空间，通过对源网荷储各侧发电设备运行状态、用电量、环境等信息进行智能感知，将其转化为客观可测数据，保障电力系统安全稳定运行。北斗卫星、5G等新型通信技术可为电网提供时间和空间上的高精度服务，例如偏远地区数据采集、无人机智能巡检等，提高电力系统运行效率。云计算与云平台技术可以实现源网荷储各个环节信息的交互与共享，将海量电力数据以可视化形式呈现，帮助管理决策者分析电力系统的运行状态。大数据与人工智能技术可以对数据进行挖掘、理解、处理、分析，从而定位电力系统运行故障、预测电力系统发展趋势，激发电力系统潜力。数字孪生技术可以对电力系统整体运行情况进行仿真，模拟外部环境变化对源网荷储的冲击，监控电力系统运行状态。

1.2.4 电力市场偏差机制研究

电力市场偏差意味着在交付期内偏离或未遵守先前约定的能源或电量投标。随着新能源大规模入市，中长期市场及现货市场的电力偏差问题愈发突出。当前对于偏差电量处理机制的研究主要分为三方面：一是偏差产生前，提升发电机组中长期合约电量和现货申报电量预测精度，从而降低偏差电量的产生；二是偏差产生后，通过市场手段对偏差电量进行调节，保障市场供需平衡，从而消除偏差电量的影响；三是通过偏差考核机制，对已偏差电量进行惩罚，促使责任主体在下次申报中更为谨慎。

1. 市场主体角度电力偏差处理机制

从国外典型电力市场经验看，偏差考核的责任主体已经从独立的产销者、配电系统运营商 和微电网过渡到电力公司聚合体。国内和国外（如英国、澳大利亚、日本等）电力零售改革进展迅速，电力零售市场内涌现众多售电公司，其也成为了偏差考核费用的主要承担者。这对售电公司的负荷预测和交易策略是较大挑战。参考文献[101]建立偏差考核机制下售电公司盈利模型，模拟不同场景下的售电公司经营策略，提出月度偏差电量交易模式。参考文献[102]提出了不同售电公司的偏差互保机制，基于博弈论和资源依赖理论提出最优联盟策略，降低偏差电量风险。

根据《国家发展改革委办公厅关于组织开展电网企业代理购电工作有关事项的通知》（发改办价格〔2021〕809 号），10kV 及以上用户原则上要直接参与市场交易。针对直接交易偏差考核和售电公司将考核费用向电力用户分摊两种情况，仍需电力用户提升自身负荷预测精度。参考文献[104]考虑偏差电量对大用户购电成本进行分析，提出偏差考核机制下的大用户最优电量确定方法，并基于 CvaR 建立大用户购电模型。参考文献[105]设计偏差电量处理的三种方案，即延时交付、违约处理和市场转让，提出大用户参与电力市场交易机制。参考文献[106]分析了直购电市场各主体交易动机，考虑偏差考核的基础上建立直购电利润模型，进而优化直购电交易决策。

2. 市场机制角度电力偏差处理机制

对偏差电量进行调节的市场可以划分为电能量市场和容量市场。北欧、美国 PJM 和英国等成熟电力市场均建立了市场化的平衡市场，一般通过实时市场对偏差电量进行调整。按照时序我国电能量市场被划分为中长期分时段市场和现货市场，为保障两市场的有效衔接，需进行中长期合约电量的曲线分解，再通过现货市场对偏差电量进行调整。参考文献[110]分析了中长期电力合同的必要性，并将电力合同分解问题引入到日前最优调度计划制定进度中，以达到消除不可执行电量的目的。参考文献[111]结合电力市场改革背景，建立发电企业在中长期发电量及发电价格预测模型，提出基于多分段报价增加收益和基于套期保值降低偏差电量的策略。参考文献[112]和参考文献[113]分析中长期分时段市场与现货市场相互作用机理，设计适应现货市场的中长期市场交割时段划分模型和交易产品组合模型。参考文献[114]将灵活块交易的方式引入现货市场，设计了小时交易、块交易、灵活小时交易三种方式或组合方式进行投标的交易机制，算例分析表示灵活块交易的引入可以避免电量损失，为电力用户提供自由选择的权利。

容量市场通过经济激励，鼓励机组参与容量市场，保障当系统在尖峰时刻有足够的容量冗余，是电能量市场失衡时的可靠保障。容量市场的调节手段主要有容量补偿机制和可靠性期权等。参考文献[115]评估了容量市场和战略储备机制两种容量补偿机制的动态效应，分析了其对能源市场平衡和充裕性的影响。

参考文献[116]以荷兰为研究对象研究了容量市场对经济的影响，通过对比纯能量市场和能量市场与容量市场结合的两种情景，分析了容量市场对电价和新能源占比快速增加的电力系统影响。可靠性期权是一种看涨期权，通过引入可靠性期权，可以使发电商通过与用户签订期权获得期权费，同时能保障用户不会以高于现货市场实时价格的电价进行交易，同时降低二者的风险。参考文献[118]认为现有研究中"可靠性期权""期权合同"和"远期可靠性市场"等形式具有相同的底层逻辑，可以用看涨期权统一概括，并从交付周期、持续时间、执行价格和惩罚措施等方向对其进行分析。

3. 偏差电量考核机制

通过经济手段对偏差电量进行调节的偏差电量考核机制是平衡市场的核心，合理的偏差电量考核机制可以将考核费用公平地分配给平衡责任方，在保证市场运行公平性的同时又能有效的解决市场失衡。偏差电量考核机制主要涉及偏差电量结算方式和偏差电量结算定价两个问题。在偏差电量结算方式方面，参考文献[119]在考虑负线损率的基础上设计了新型跨省区的电能交易模式，提出一种计及偏差电量分解的、能够容纳多个购电主体的电能交易模型。参考文献[120]提出一种基于模糊综合评价理论的偏差电量处理方法，以交易类型、交易周期、交易电量和交易电价为指标计算综合评价得分，并以此为依据分摊偏差电量。参考文献[121]设计了用户侧固定比例全电量偏差电量结算方式，并在此基础上提出了分阶段的用户偏差考核机制。

在偏差电量结算定价研究方面，参考文献[122]研究了欧洲市场中偏差电量定价机制对市场平衡的影响，基于 Agent 模型分析了六种备选定价机制，并站在不同市场主体视角分析六种定价机制的适应性。参考文献[123]考虑不平衡电量定价机制，基于智能体建模（ABM）和多准则决策分析（MCDA）方法对解决偏差电量机制和方法进行评价，算例结果表明双重定价机制可以有效调节平衡责任方的市场行为。参考文献[124]对比了德国市场中偏差结算价格的不同计算方法，提出了基于节点电价的不平衡价格计算方法，模拟该方法在区域市场中的应用情况。

我国在电力市场偏差方面采取了电力中长期交易和现货交易双偏差结算的模式，中长期交易与日前现货交易的电量偏差按照日前现货价格进行结算，日前现货交易与实时电量偏差按照实时现货价格进行结算。

1.2.5 电力平衡市场机制研究

1. 欧洲统一电力市场的实时平衡市场机制

在实时调度运行中用户保障发电负荷实时平衡的机制称为实时平衡机制，实时平衡机制依赖两个平衡市场的支持。一个是容量平衡市场，该市场可以在交付日之前一天到一年前开展，具体开展时间在欧盟内部并无统一的要求，容量平衡市场中标的发电和负荷必须承诺在实时运行中能够提供用于实时平衡的电能；另一个是能量平衡市场，参加能量平衡市场的市场成员需要提交其增减功率对应的价格要求，在实时市场关闸时间之前，市场成员可以随时提交和修改报价，容量平衡市场中标的市场成员必须参与能量平衡市场。

在电网实时运行中，输电系统运营机构在考虑发用电设备技术能力的前提下，顺序调用成本最低的发用电资源以平衡发电与用电偏差。实时电力平衡管理主要涵盖一次调频备用、二次调频备用和替代备用等辅助服务的获取和结算。输电系统运营机构、配电运营机构、能源监管机构合作署、欧洲输电系统运营商联盟、受委托提供市场服务的第三方机构和其他市场主体是实时平衡管理的核心参与方。

实时电力平衡管理的主要目的包括：促进实时平衡市场的竞争、公平和透明运营；提高电网实时调度运行以及国家级实时平衡市场和欧洲实时平衡市场的运营效率；整合形成更大范围的实时平衡市场，促进实时平衡服务的大范围优化配置，提升电网的安全运行水平；促进电网和电力工业的长期高效运行和可持续发展，提升日前市场、日内市场和实时平衡市场之间的系统水平；保障实时平衡服务以公平、客观、透明的市场机制获取，为新市场主体的进入提供公平便利条件，提升实时平衡市场的竞争性，避免扭曲电力市场的价格信号；推进负荷侧相应资源参与市场，包括负荷聚合商和储能，使其能够与其他市场主体进行公平竞争；促进可再生能源参与市场，服务可再生能源发电发展战略目标的实现。

实时电力平衡管理应注重均衡性和公平性原则，保障市场公开透明，在市场主体运营成本最低和市场总体效率最高之间进行合理取舍，实现最优化运行。输电系统运营机构在电网运行中应尽最大可能采用市场机制保障电网的安全稳定运行。欧洲统一电力市场下的实时平衡市场建设与运行是相对独立的，不干扰远期市场、日前和日内市场的建设及运行。

2. 美国 PJM 辅助服务市场机制

美国 PJM 采用电能与辅助服务联合出清的模式，日前以电能和计划备用联合优化，实时以电能、调频和备用联合优化。电能与辅助服务联合出清是指市场出清计算时，根据电能量与辅助服务的报价，考虑电能量与辅助服务之间的约束耦合关系，以电能量与辅助服务总成本最小为优化目标，通过一次出清计算生成电能量与辅助服务的中标功率及价格。电能量与辅助服务的联合出清模式之外，电能与辅助服务也可以独立顺序出清。

美国 PJM 的电能与辅助服务联合优化出清机制充分体现了电能与备用、调频在物理方面的容量耦合关系，以及在经济方面的机会成本关系，是对电能与辅助服务物理、经济客观规律充分表征、充分尊重的出清机制。联合出清对电能、调频、备用资源的安排整体遵循系统整体社会福利最大的原则，能够最大程度上实现更为经济的电能量与辅助服务安排，最大化市场资源配置效率。但是联合优化的出清模式需要考虑的因素与约束条件较多，对运行部门的出清组织、安全校核工作、结果合理性分析，以及市场成员成熟度提出了更高要求。

3. 我国辅助服务市场机制

发用电实时平衡是电力系统最为显著的特征之一，同时系统频率也应当控制在额定频率（50Hz）附近。如果系统频率偏离额定频率过大，将严重影响电能质量，甚至损坏用电设备。频率偏离超过一定范围时，还会导致发电机保护动作，断开与电网的链接，从而引起系统频率的更大波动，造成更多的发电设备脱网，即电网连锁故障。电网连锁故障的出现常常会造成大面积停电，甚至造成全网大停电。因此，电网调度机构必须负责控制区内的发用电平衡，实时控制电力系统发输配用各个环节，以免出现大的频率偏差和连锁故障。这就需要建立一套完整的电力平衡机制，用于规范调度机构、电网企业、发电企业和电力用户等各参与方的行为。我国通过建设电力辅助服务市场保障系统的实时平衡，将电力辅助服务的种类分为有功平衡、无功平衡和事故应急及恢复等。

4. 容量市场机制

容量平衡的关键是保证电力系统的发电能力，在任何时候满足电力供应。电能量市场和辅助服务市场等短期市场的价格波动性和供需不确定性增大了发电机组的投资风险。一些学者用"收入缺失"和"市场缺失"来说明这一问题。

"收入缺失"是指由于电力市场中存在价格帽、可再生能源补贴等，造成提供备用的机组收入不足以支付总成本。"市场缺失"是指随着可再生能源在系统中占比增大，传统电厂灵活性、可靠性价值没有通过市场体现，造成容量资源收入不足，利润风险大。

国外有些国家实施电力市场化改革之后平均电价有所下降，但实际数据表明，在已实施的市场机制基础上未能提供吸引投资所需的充分信号，一些学者研究也证实了这一观点，北欧部分国家在电力市场化改革后的装机容量增长缓慢，而需求保持相对较快的速度发展，改革前遗留的过剩装机容量逐渐消失。斯坦福大学的保罗·乔斯科（Joskow）研究美国批发竞争市场发现美国电力市场普遍存在缺陷和政策约束，造成在市场价格非常高的时候，实际的能源批发价格和运行备用价格均低于其"真实价值"，不能提供足够的净收入来支持有效的装机容量与发电结构。德国不来梅雅各布大学的布伦科瑞夫特（Brunekreeft）和鲍克内希特（Bauknecht）认为德国电力市场也存在同样的问题，这一影响对国家长期的能源安全具有较大威胁。

随着短期电力市场的不断完善，充分释放了市场主体的竞争活力，很多国家为解决长期电力供应激励不足的问题，保证电力长期具有充足的发电容量，防止电力短缺，应对极端情况下的电力供应紧张情况，很多国家建立了不同类型的发电容量充裕度保障机制，包括以英国、美国 PJM 等为代表的容量市场机制，以德国、比利时等为代表的战略备用机制，以意大利、爱尔兰等为代表的可靠性期权，以澳大利亚为代表的稀缺定价机制等。为保证系统的发电容量充裕度，同时维持在运火力发电的合理经营，我国部分省份采取固定补偿机制，这也是适用于市场建设初期的一种容量市场机制。电力市场建设较早的国家在容量市场机制方面进行了不同程度的探索，主要包括固定补偿机制、集中容量市场、容量义务机制、稀缺定价机制、战略备用机制和可靠性期权。容量充裕度保障机制对比见表 1-2。

表 1-2　　　　　　　　　　容量充裕度保障机制对比

容量保障机制	应用地区/国家	机理与原理	优点	缺点	适用条件
固定补偿机制	智利、中国（山东、广东）等	由政府制定价格，针对现行机组进行补偿，保障机组短期收益	机制简单，保证存量机组稳定经营	无对预期容量调整引导作用，缺乏市场合理性	市场初期

续表

容量保障机制	应用地区/国家	机理与原理	优点	缺点	适用条件
集中容量市场	美国 PJM、英国、加拿大等	将发电容量作为单独的电力商品，由系统运营机构确定容量需求，通过集中拍卖形式确定容量价格	容量市场价格平稳，有效保障发电充裕性	机制复杂，容量需求确定困难，易引起市场效率损失	市场机制健全完善
容量义务机制	德国、法国、美国MISO 等	系统运营机构设定市场主体容量保障责任，数量型的容量分散式容量机制	有利于引导供需双侧容量投资	主体容量保障责任确定困难，容易刺激过度	供需平衡责任明确
稀缺定价机制	澳大利亚、美国得克萨斯州等	单纯电能量市场体系下，反映供电紧张时的电能稀缺价值	直接反映电能量价值	存在极高电价冲击风险	规避价格风险金融工具完善
战略备用机制	比利时、瑞典、芬兰等	系统运营机构支配边际冗余容量，发电企业额外容量不参与市场	终端用户价格相对稳定	不利于社会效益最大化	基荷容量充足
可靠性期权	爱尔兰、意大利等	分离容量物理属性和金融属性，实现容量成本回收的跨期调整	对市场干预小	现实政策实施案例较少	容量保障机制健全条件下

  容量市场是用于确保系统发电容量充裕性，既影响了投资者的长期决策，也影响着市场参与者的短期行为。建立完善的容量市场机制既能为发电投资提供稳定的长期信号，又能为市场健康运营提供合适的短期信号，以激发发电企业的供电积极性。未来我国能源结构向清洁、绿色能源转型，需要建设更多的新能源机组和储能，容量市场将为新能源机组和储能提供更加明确的投资激励机制，从而提高市场效率。

  随着新能源接入系统比例不断增加，传统仅由煤电机组提供可靠性电源容量的方式亟待改变，需要考虑新能源的支撑作用。新能源提供的容量相对来说是有限的且具有高度不确定性，成为电网发电主力军后，需要准确衡量新能源机组的系统支撑能力。同时，在新能源高占比的电力环境下，除传统发电资源、新能源机组和储能外，还需挖掘用户侧资源来满足系统容量需求。

  储能在容量市场中具有平衡供需、提高系统可靠性和提升新能源可信等重要作用。在国内外实践中，储能与用户联合可削减尖峰负荷、减少容量分摊，储能与新能源联合可减少风光互补发电系统波动性、提高新能源可信容量，同时储能可作为容量提供方独立参与容量市场。

  综上所述，国内外已经针对共享储能的概念、电力用户购电决策、源网荷储互动交易和电力市场偏差机制开展了诸多研究。然而，目前在共享储能服务模式方面，仍以电源侧、电网侧和用户侧储能服务模式为主，对共享储能服务模式的研究对市场主体平衡调节需求的考虑不足；在共享储能服务电力用户购电优化方面，以用户自建储能参与需求响应和调峰辅助服务为主，在用户与储能联合购电优化决策时对电力用户以租赁形式获得共享储能平衡调节服务的考虑欠缺；在共享储能追踪新能源弃电曲线方面，建模过程以风光储一体化运行优化为主，对新能源电站、储能电站的收益边界界定不清晰；在共享储能偏差互保服务方面，对售电公司的偏差风险研究较多，但对售电公司的自身调节能力和风险承受能力考虑不足。综合国内外研究现状，考虑平衡调节需求的共享储能服务模式及其优化策略研究尚不够深入。

总之，共享储能商业模式的探索已成为解决电力系统平衡调节资源捉襟见肘、新能源强制配建储能遇到瓶颈和储能投资回报不佳等问题的重要方向。本章立足新型电力系统下电力市场实践中各市场主体面临的紧迫问题，研究提出考虑平衡调节需求的共享储能服务模式，并建模分析不同共享储能服务场景下优化运行策略，为共享储能运营实践提出可行商业模式，为共享储能产业进步提供理论与方法支撑。

1.3　研究内容与主要创新

1.3.1　主要内容

本章基于投资组合、源荷互动和保险经济学等理论，聚焦新型电力系统下电力市场实践中新能源企业、工商业用户等多市场主体面临的关键问题，分析其对共享储能的平衡调节服务需求，进而设计共享储能面向用户的购电优化服务、面向新能源的曲线追踪服务和面向多主体的偏差互保服务三种模式，并针对三种模式分别进行预测和决策建模，包括工商业用户联合共享储能参与多市场购电优化建模、共享储能弃电曲线追踪优化建模和面向多主体的共享储能偏差互保服务与定价模型等。从市场成熟条件和实践情况来看，本章提出的共享储能三种服务模式分别是对共享储能过去、当前和未来开展平衡调节服务的研究。其中，第一种模式处于成熟阶段，第二种处于发展阶段，第三种模式处于探索阶段。

（1）研究共享储能的基本概念与本章的理论基础。本书第 2 章通过对比国内外对共享储能的已有研究，明确共享储能的基本概念，并分析了共享储能的基本特征。从电力系统平衡视角，研究电力系统中各主体对共享储能需求，进而梳理清楚电源侧储能、电网侧储能和用户侧储能的服务模式和对应的市场条件。结合 1.1.2 中凝炼的三个主要痛点，对相关理论基础及其应用进行阐述，包括投资组合理论在多市场购电决策中的应用、源荷互动理论在弃电曲线追踪方面的应用和保险精算理论在偏差互保服务方面的应用，为面向源–荷多市场主体的共享储能服务模式设计提供理论依据。

（2）设计面向源–荷多市场主体的共享储能服务模式。本书第 3 章分析了国家能源安全、能源清洁化转型、双碳和新型电力系统等多项战略背景下电力系统平衡面临的主要问题，阐述净负荷峰谷差不断扩大、高比例新能源强波动性和系统实时平衡偏差增大等形势带来的电力系统对共享储能的迫切需求。从预测、决策两个过程，设计共享储能的服务模式，包括荷侧工商业用户联合共享储能的购电优化服务、源侧新能源企业联合共享储能的曲线追踪服务和多市场交易主体联合共享储能的偏差互保服务等三种模式。

（3）研究考虑共享储能的工商业用户多市场购电优化决策。分析当前电力市场环境下工商业用户参与年度交易、月度交易、月内交易和现货交易等多市场购电决策的条件。归纳工商业用户在参与多市场购电时所需的电量、电价预测方法，并在已有研究方法基础上提出本章预测方法的改进。建立工商业用户独立参与多市场购电和考虑共享储能的工商业用户多市场购电的优化模型，并在此基础上构建共享储能运营商提供购电优化服务的定价模型，通过量化计算对比工商业用户参与多市场购电的成本变化，为共享储能提供购电优化服务及其优化运行策略提供技术支撑。

（4）研究考虑共享储能的新能源弃电曲线追踪优化策略。分析影响新能源功率特征的相关因素，在此基础上对新能源弃电曲线进行预测。阐述共享储能与新能源弃电曲线追踪交易的流程，从新能源弃电曲线挂牌和共享储能弃电曲线摘牌建立共享储能与新能源弃电曲线追踪交易模型。建立考虑共享储能的新能源弃电曲线追踪优化模型，结合共享储能装机容量及充放能力，计算共享储能在摘牌不同场站新能源弃电曲线场景下充放电策略，为共享储能参与新能源弃电曲线追踪交易提供模型支撑。

（5）研究面向多市场主体的共享储能偏差互保服务与定价。厘清共享储能面向多市场主体提供偏差互保服务的建模思路，明确偏差互保服务模式中的服务提供商和服务购买者，以共享储能运营商视角研究偏差互保服务模式的商业逻辑。针对共享储能偏差互保服务的个体可能出现的偏差和群体出现偏差的概率进行量化表征。建立共享储能偏差互保服务的优化决策与定价模型，为共享储能面向多主体提供偏差互保服务定价提供理论依据。

（6）研究结论与讨论。结合本章研究结论，在分析国家当前储能产业支持政策、发展规划、电力市场建设和项目投资建设的基础上，提出考虑平衡调节服务的共享储能相关政策、市场机制和运营管理等方面的建议，阐述支持共享储能新业态、新模式先行先试，完善保障共享储能商业模式落地的配套市场机制，制定共享储能运营商及其相关利益主体的市场行为规范等对储能发展的意义，为共享储能后续研究提供参考。

1.3.2 主要创新

本章以共享储能的服务模式为切入点，研究考虑平衡调节需求的共享储能服务模式及其优化决策问题。通过深入研究新型电力系统和电力市场改革背景下源-荷多市场主体的平衡调节需求，设计共享储能面向工商业用户、新能源企业和多市场主体的三种服务模式，探究每种服务模式实施过程中的关键问题，建立考虑共享储能的工商业用户多市场购电优化决策模型、考虑共享储能的新能源弃电曲线追踪优化模型和面向多市场主体的共享储能偏差互保服务与定价模型，并从储能发展政策、市场机制和运营模式等方面提出可行建议。通过本章研究，形成主要创新点如下：

（1）提出了考虑共享储能的工商业用户多市场购电优化决策方法。针对工商业用户用电高峰时段与电力市场高电价时段重合，用户购电成本升高，市场化购电决策难度大等问题。现有研究未考虑多市场间的协调购电优化。本章首先设计了面向工商业用户的共享储能购电优化服务模式，根据年度、月度、月内和现货等多市场价格预测情况，利用储能的灵活调节能力，优化用电曲线，实现错峰用电，降低用户购电成本；然后建立了工商业用户参与多市场购电的电量、电价预测模型，将趋势外推预测方法与影响因素修正方法结合，提高了电量、电价的预测精度。最后构建了考虑共享储能的工商业用户多市场购电优化决策模型，对比用户独立购电和联合共享储能购电的购电成本，在此基础上，以共享储能运营商为视角，确定了储能最优充放电策略和购电优化服务定价。

（2）建立了考虑共享储能的新能源弃电曲线追踪优化模型。针对高比例波动性新能源接入电网带来的新能源消纳受限，新能源发电功率与电力用户负荷不同时，新能源反调峰特性突出等问题。现有研究对新能源弃电的消纳方式为电网按照较低价格全额消纳，缺乏市场激励。本章首先探究了面向新能源企业的共享储能弃电曲线追踪交易模式，阐述了基于源荷互动理论的共享储能与新能源开展弃电曲线追踪交易的机理。然后建立了考虑"双挂双摘"的弃电曲线追踪交易模型，以新能源挂牌弃电曲线和价格，按照价格优先、时间优先的出清次序，共享储能对弃电曲线和价格进行摘牌。最后构建了考虑共享储能的新能源弃电曲线追踪优化模型，基于共享储能充放电能力，对比摘取不同弃电曲线下共享储能的充放电策略，提出共享储能最优收益下的交易策略。

（3）构建了面向多市场主体的共享储能偏差互保服务与定价模型。针对电力市场背景下新能源企业、电力用户等多市场主体电量预测精度不高，购售电交易偏差电量较大，偏差考核成本较高等问题。现有研究对购售电偏差处理的方式主要通过提高预测能力为主，未从商业模式的角度进行考虑。本章首先基于保险产品理念，提出了面向多市场主体的共享储能偏差互保服务模式，将保险经济学理论应用到电力市场中，丰富了电力市场金融产品，有助于培育能源服务生态；其次从个体角度和群体角度对多市场主体的偏差概率进行建模，解释了新能源企业和工商业用户等市场主体的购售电偏差行为；最后构建了共享储能偏差互保服务的优化决策与定价模型，考虑共享储能成本、互保服务用户购买意愿和最优充放电策略，提出了共享储能偏差互保服务的最优定价边界。

第 2 章

共享储能相关概念

在新型电力系统背景下，高比例大规模新能源接入电网，电力系统消纳能力捉襟见肘，储能作为一种优质的灵活性资源逐渐被专家学者和从业人员认可。在储能商业模式探索过程中，以共享经济为理念的共享储能模式应运而生。共享储能商业模式的提出旨在解决电源侧、电网侧和用户侧单独建设储能收益模式单一、投资回报难和储能设备利用率低等问题。本章从电力系统平衡视角，研究电力系统中各主体对共享储能的需求，进而梳理清楚电源侧储能、电网侧储能和用户侧储能的服务模式和对应的市场条件，并对投资组合理论、源荷互动理论和保险精算理论及其应用进行研究。

2.1 共享储能的基本概念与特征

2.1.1 共享储能的基本概念

"共享"是人类社会发展中最普遍的现象，也是中外思想家们不懈探求的社会理想。本科勒（Benkler）认为共享概念是一种互惠的社会行为，是在有限的时间内不转变所有权的前提下对财产进行分配的过程，强调共享经济是转移了使用权而非所有权。共享经济即孕育产生于中外思想家一系列的共享思想之中。随着互联网技术的发展，共享经济得到了快速发展，涌现出众多种类的经济业态，比如共享单车、网约车和闲置物品转卖等。共享经济作为分享者运用所获取的闲置资源创造新价值的一种经济形式，通过提高资源配置效率，使得社会需求以一种绿色健康的发展模式得以满足。

目前正在研究的共享储能模式大致可以分为两类：一类是独立的共享储能运营商，另一类是用户自身拥有储能装置并通过共享储能平台进行共享。国外对共享储能的研究主要集中在用户社区共享储能，诸多学者提出利用区块链技术实现社区共享储能与用户、分布式发电间的 P2P 交易，对外实现用户与共享储能联合参与电能量、辅助服务和需求响应市场的竞价与交易，并评价了储能给配电网带来的经济效益。国内学者较早地提出了云储能的概念，利用电网的枢纽作用，将储能基础设施在云端共享，为用户随时、随地、按需提供服务，之后有学者提出共享储能，希望储能面向多类需求主体提供服务。共享储能较早在青海省开始尝试，青海电网以电网为依托，将电源、用户和电网三方储能资源进行全网优化配置，在满足电源、用户自身储能需求之余，灵活调整运营模式实现全网储能共享。

共享储能正是在共享经济下，将分散在电力系统各环节中的储能聚合起来，在不改变所用权的前提下，获取闲置储能资源，由一个共享储能运营商来统一运营，面向多主体提供调节服务的储能新业态形式。

2.1.2　共享储能的特征

1. 聚合特征

聚合是指通过商业合约等经济手段和共享运营平台等技术手段，聚合电采暖、空调负荷、通信基站应急电源、数据中心备用电源和电动汽车等以虚拟电厂的形式获得低成本的储能资源，减少新建储能的容量，节约共享储能运营商获取调节能力的成本，达到"节流"的目的。

目前的共享储能更多的是共享集中式储能，未来的共享储能可将分散式储能（包括电动汽车、移动储能等形式）也纳入进来，形成共享机制。这种储能模式在传统电网物理架构上，利用数字化先进技术，将原本分散建设在电网侧、电源侧和用户侧的储能电池综合管理起来，通过监测各个分散储能的电池状态，对共享储能的综合调节能力分别从调节里程、调节速率、储能容量等确定物理参数和可控容量占比、电池可靠性等不确定参数两个方面进行建模。通过这种模式可以把不同类型的储能资源进行整合，开展协同优化运行控制，实现储能资源的灵活调动和合理利用，同时可以充分利用储能电池的充放能力，多个储能电池之间还可以提供时间和空间上的互补性，进而提高储能利用效率，降低调节能力获取成本。

2. 共享特征

共享储能的"共享性"打破了原有储能应用的界限，储能资源的使用权不再专属于新能源电站、电力用户或电网等单一主体，可以在一个广泛的范围内面向多个新能源电站、多个电力用户等提供调节服务。共享是指扩展共享储能的收益模式，不依靠单一的模式锁定收益，而是采取共享的方式，实现"高品高用、低品低用"，提高储能利用效率。例如某一新能源场站建设的储能多余的能力向周围场站提供服务，或者以规模化新能源场站集群形式配置储能，或者以某一用户建设的储能为周边多个用户提供储能服务，实现"开源"的目的。

共享储能提供的服务产品可以从平衡调节需求的时间维度分为三种：

（1）频率型调节：秒级到分钟级响应，对应转动惯量、一次调频服务。

（2）功率型调节：分钟级响应，对应爬坡、二次调频、三次调频服务。

（3）能量型调节：小时级响应，对应现货、多日电量、月度电量优化。

2.2　共享储能的市场需求与条件

2.2.1　共享储能的市场需求

电力系统中发电、输电、配电与用电系统对应的主体包括风力发电、光伏发电、火力发电和水力发电等发电企业，负责输电和配电的电网企业，消费电能的工业、商业和居民等电力用户，组织生产和系统运行的电网调度机构和电力交易机构。从市场运行的角度来看，电力系统中的所有主体均是平衡调节的责任主体，责任的确定遵循"谁引发、谁支付"的原则，即系统中的某个主体的某一行为引发了系统的不平衡，应支付相应的平衡费用，平衡的提供方则获得平衡费用。

电网调度机构作为电网运行指挥部门，负责电力电量平衡工作，对可调、可控的各类发电机组功率和电力用户负荷等资源进行合理安排，以满足指定场景中电力供应与使用的实时平衡，达到发电成本最优、用电成本最优和清洁高效等各类目标。电网调度机构的工作任务是维持电力系统频率、电压和波形电能质量三个基本指标的稳定；电力市场环境下则根据各类发电机组的报价，按照市场出清进行开机安排。

电力交易机构作为集中组织电力交易运营部门，提供的服务包括市场成员注册、市场信息发布、电力交易组织、电力交易出清和电力市场结算等，并接受监管机构监管。电力交易机构根据政府法律法规和电力行业政策要求，协助拟定电力市场规则，向输电系统运营机构提供市场出清结果。电力交易机构相对独立以后，主要负责组织中长期电能量市场，同时负责现货电能量市场的组织申报和信息披露，由电网调度机构负责现货电能量市场的出清。

电力系统平衡方式示意图如图 2-1 所示，发电侧和用电侧主体均可以分为可控、可调的主体和不可控、不可调的主体两类。可控、可调的主体在电力系统平衡中一般是平衡调节的服务方，而不可控、不可调的主体则是被服务方。从经济学角度来看，服务方向被服务方提供了调节服务、承担了系统平衡责任，被服务方则向服务方提供相应的费用，同等承担系统平衡责任。

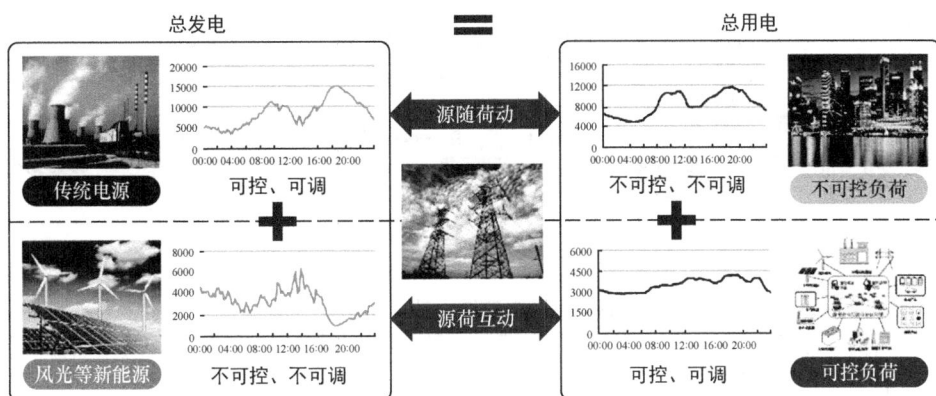

图 2-1　电力系统平衡方式示意图

（1）发电企业引发的平衡责任。发电企业负责将化石能源、核能、水能、风能、光能和生物质能等一次能源转化为电能，并通过电力市场进行电力商品销售，根据中标结果提供电能、容量服务和各类辅助服务等，各个发电企业同等地承担平衡责任，火力发电等常规机组的功率曲线较稳定，并可以根据系统的平衡需求及时调整功率曲线，除了突发故障停运外，很少波动。从年度、月度和日等多时序角度来看，风光互补发电系统等新能源随机性会引发容量缺失、能量不平衡和功率不平衡等。

（2）电力用户引发的平衡责任。电力用户负荷波动是产生平衡调节需求的主要原因。电力用户由于用电行为的随机性、生产安全的不确定性，引发能量不平衡和功率不平衡，同时备用系统容量的主要目的是满足电力用户的尖峰用电需求，因此电力用户是主要的平衡责任引发主体，其中，工商业负荷分摊了居民负荷带来的不平衡责任。可调节的工商业电力用户可以通过需求响应、建设储能和虚拟电厂等方式降低或避免所引发的不平衡责任。电力用户直接或通过售电公司等间接参与市场，虽然在市场考核对象上不同，但最终承担平衡责任考核费用的均是电力用户。

因此本章重点将不可控的风光互补发电系统等新能源发电企业和不可调的工商业电力用户作为平衡调节责任的承担主体展开讨论。电网调度机构和电力交易机构作为实施电力系统平衡工作的组织者和运营者，承担相关市场的组织工作。电力系统平衡主体示意图如图 2-2 所示，储能在电力系统中的应用场景见表 2-1。

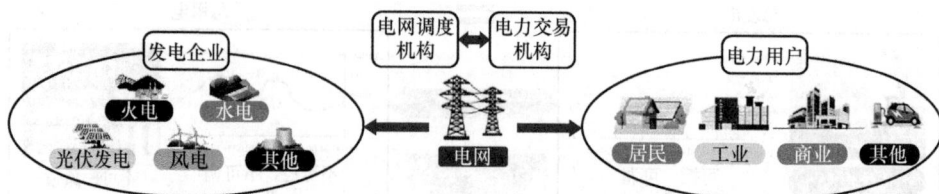

图 2-2　电力系统平衡主体示意图

表 2-1　　　　　　　　　　　　储能在电力系统中的应用场景

	储能应用	商业模式	对应市场
电源侧	减少弃电	用电低谷期，储能存储新能源弃电，用电高峰期放电上网，减少风光互补发电系统等新能源弃电电量	电能量市场
	现货交易	储能联合新能源参与现货交易，在现货价格低谷时段新能源少卖电，在现货价格高峰时段多卖电	电能量市场
	预测偏差	新能源参与电能量市场，在关闸后新能源根据预测申报的电量与实际发电量间的偏差由储能调节	电能量市场
	深度调峰	新能源作为分摊主体承担深度调峰补偿费用，储能通过参与深度调峰市场，减少新能源分摊	辅助服务市场
	调频服务	新能源作为分摊主体承担一次调频、二次调频等补偿费用，储能参与调频市场，减少新能源分摊	辅助服务市场
	电源基地	建设电网友好型的"风光水储"一体化大规模清洁能源基地，储能提高清洁能源消纳和外送能力	新型市场主体（平衡集团）
电网侧	现货交易	储能作为独立市场主体参与现货交易，在现货价格低谷时段充电，在现货价格高峰时段放电	电能量市场
	调峰服务	在调峰辅助服务开市时，储能参与调峰辅助服务市场，为系统提供调峰服务，获得调峰服务补偿	辅助服务市场（现货融合）
	深度调峰	在深度调峰市场开市时，储能作为独立市场主体参与深度调峰市场，获得深度调峰补偿	辅助服务市场
	调频服务	储能作为独立市场主体参与一次调频、二次调频市场，获得调频服务补偿	辅助服务市场
	容量补偿/容量市场	储能作为系统备用容量，容量市场建设前获得系统容量补偿，容量市场开市后参与系统容量招标	容量市场
	延缓投资	在配网侧建设储能，可延缓变电站扩容扩建，储能作为电网资产准许成本纳入输配电价核算	输配电市场
用户侧	削峰填谷	工商业用户全面入市参与电力中长期分时段交易和现货交易，执行市场化分时电价，电价低谷时储能充电，电价高峰时储能放电，降低用户用电成本	电能量市场
	需求响应	在电力市场价格升高或系统可靠性受威胁时，储能帮助用户接收系统指令或价格信号进行充电	需求响应市场

续表

储能应用		商业模式	对应市场
用户侧	微电网	储能与分布式电源、能量转换装置、负荷等，结合监控和保护装置等组成小型发配电系统	新型市场主体
	虚拟电厂	储能与分布式电源、可控负荷、电动汽车等灵活性资源聚合，作为特殊电厂参与市场和电网运行	新型市场主体
	削减容量	储能与执行两部制电价的大工业用户联合，削减尖峰负荷，通过自主申报备用容量，节省容量电费	容量电费

2.2.2　共享储能的市场条件

"源-网-荷"作为电力系统的基本三要素，支撑了电能从生产、传输到消费的全产业流程。储能作为灵活性调节的重要手段，其应用贯穿于电力系统发电、输电、用电等各个环节。在电源侧，风光互补发电系统等新能源建设储能可减少弃电、联合参与现货交易套利、避免预测偏差、降低深度调峰和调频辅助服务分摊费用，火力发电等常规电源建设储能可提升深度调峰和调频能力，提高辅助服务市场收入；在电网侧，独立储能电站可作为独立市场主体参与电能量市场、辅助服务市场和容量市场，在配网侧建设储能可延缓变电站扩建扩容；在用户侧，储能可帮助用户削峰填谷，参与需求响应市场，降低大工业用户容量电费，同时可与分布式电源、可控负荷和电动汽车等聚合建设微电网或虚拟电厂。

◆ 2.3　相关理论与应用分析 ◆

2.3.1　投资组合理论在多市场购电决策中的应用

1952 年，诺贝尔奖得主哈里·马科维茨（Harry Markowitz）发表的《投资组合选择》论文首次提出了投资组合选择的均值-方差理论，在金融领域运用均值-方差计算进行了定量分析。哈里·马科维茨认为投资者不仅需要考虑单一资产的收益与风险，还应考虑多个资产间的组合关系。在哈里·马科维茨之后许多学者将收益动态过程、市场因素、投资约束和风险度量方法等加入到了均值-方差模型中，构建了更加贴近实际投资活动的投资组合优化模型。

电力市场交易决策中，投资组合理论可以用以下场景解释：市场主体同时参与中长期市场和现货市场，通过准确预测两个市场间的电能商品价格，采取相同交易量的反向买卖，从而有效对冲现货风险、谋取交易价差利润。因此从电力市场的时间尺度来看，不同周期的交易市场形成不同的出清价格，从而给予市场主体更多的投资组合套利空间。

工商业用户参与多市场进行购电组合时，则根据自身的用电需求在多个时间周期市场中购买所需电量，因为不同市场、不同时段的电价不同，则需要利用投资组合、模糊决策和套期保值等方法进行优化决策。

1. 均值–方差模型

均值–方差理论以决策者愿意接受的风险程度内使预期收益达到最大为收益与风险权衡的优化目标，表示如下：

$$(MV) \quad \min \sum_{i=1}^{n} \sum_{j=1}^{n} \sigma_{ij} x_i x_j$$

$$s.t. \sum_{i=1}^{n} E(R_i)x_i \geqslant \rho \qquad\qquad (2\text{-}1)$$

$$\sum_{i=1}^{n} x_i = 1$$

$$l_i \leqslant x_i \leqslant u_i, \quad i = 1, \cdots, n.$$

式中：x_i 为投资在风险资产 i（$i = 1, 2, \cdots, n.$）上的投资比例；R_i 为随机变量，表示风险资产 i（$i = 1, 2, \cdots, n.$）的收益率；σ_{ij} 为资产 i 与 j 收益率间的协方差；ρ 为被投资者事先给定的投资组合要求的最低收益率；l_i 为将投资在风险资产 i（$i = 1, 2, \cdots, n.$）上的投资比例的下界；u_i 为将投资在风险资产 i（$i = 1, 2, \cdots, n.$）上的投资比例的上界。

根据统计学知识，投资组合的期望收益和投资收益的协方差矩阵表示为：

$$E(R_i) = \frac{1}{T} \sum_{k=1}^{T} T_{ik} \qquad i = 1, 2, \cdots, n \qquad (2\text{-}2)$$

$$\hat{\sigma}_{ij} = \frac{1}{T} \sum_{k=1}^{T} \left[r_{jk} - E(R_i) \right] \bullet \left[r_{jk} - E(R_j) \right] \qquad i, j = 1, 2, \cdots, n. \qquad (2\text{-}3)$$

式中：r_{jk} 为随机变量 R_i 在 k（$k = 1, 2, \cdots, T$）个观测期的体现，它可以通过历史数据获得。

2. 投资组合选择

决策者对投资组合的期望收益率 ρ 和分散化条件 (l_i, u_i) 给定目标要求，在这种假定条件下投资者的这种要求往往导致了问题的不可行性。Leon Liern 和 Vercher 提出用一种交互式的方法得到切实可行的投资组合选择策略。

将期望收益率和分散化条件的约束条件模糊化，将决策者的要求在相应模糊约束的隶属函数中体现出来，转化为软约束，其他约束条件为硬约束不变。

用 $(Ax)_i \geq b_i, x \in R^n$ 代表一个模糊不等式关系，这个第 i 约束的满意程度可以用以下隶属函数来表示：

$$\mu_{\tilde{B}_i}(x) = \begin{cases} 0 & (Ax)_i < b_i - r_i \\ g_i\left[(Ax)_i\right] & b_i - r_i \leqslant (Ax)_i \leqslant b_i \\ 1 & (Ax)_i \geqslant b_i \end{cases} \qquad (2\text{-}4)$$

式中：r_i 为允许第 i 个约束条件不满足的最大程度，一般假设 $g_i\left[(Ax)_i\right] \in [0,1]$ 值越大，约束的满意程度越大。

同理，模糊不等式关系 $(Ax)_i \leqslant b_j, x \in R^n$ 的满意程度的隶属函数表示为：

$$\mu_{\tilde{C}_j}(x) = \begin{cases} 0 & (Ax)_i > b_j + s_j \\ g_j\left[(Ax)_j\right] & b_j \leqslant (Ax)_j \leqslant b_j + s_j \\ 1 & (Ax)_j \leqslant b_j \end{cases} \qquad (2\text{-}5)$$

式中：$g_i\left[(Ax)_i\right]$ 和 $g_j\left[(Ax)_j\right]$ 的函数构造模糊约束的隶属函数，模糊约束的柔韧程度 (r_i, s_j) 由决策者提供。利用下列问题（PI）的解的影子价格计算模糊约束的柔韧程度 (r_i, s_j)：

$$\begin{aligned} (PI)\min &\sum_{i=1}^{m_1} a_i \\ s.t.\ &A_1 x - I^{m_1} h + I^{m'} h + I^{m_1} a = b^1(w) \\ &A_2 x + I^{m_2} h' = b^2(\pi) \\ &H_1(x) \geqslant \beta^1(q) \\ &H_2(x) \leqslant \beta^2(p) \\ &A_3 x = B^3(y) \\ &h, h', a \geqslant 0, x \in X \end{aligned} \qquad (2\text{-}6)$$

式中：h 为松弛变量，a 为剩余变量；w 和 π 为与软约束条件相关联的对偶变量，q，p 和 y 为与硬约束条件相对应的对偶变量。

令 z^* 是提供不可行性问题（PI）的最优值，并且它对应的解是（$w^*, \pi^*, q^*, p^*, y^*$），那么模糊约束的柔韧程度可以定义如下：

$$r_i = \begin{cases} o & w_i^* = 0 \\ \dfrac{z^*}{w_i^*} & w_i^* > 0 \end{cases} \qquad (2-7)$$

$$s_j = \begin{cases} o & \pi_i^* = 0 \\ -\dfrac{z^*}{\pi_i^*} & \pi_i^* < 0 \end{cases} \qquad (2-8)$$

分散化投资约束条件：$x_i \geqslant l_i$ 或者 $x_j \leqslant u_j$，构造出线性隶属函数如下：

$$\mu_{\tilde{B}_i}(x) = g_i\left[(Ax)_i\right] = 1 - \frac{l_i - x_i}{r_i}, l_i - r_i < x_i < l_i \qquad (2-9)$$

$$\mu_{\tilde{C}_j}(x) = g_j\left[(Ax)_j\right] = 1 - \frac{x_j - u_j}{s_j}, u_j < x_j < u_j + s_j \qquad (2-10)$$

投资组合期望收益的约束条件，运用模糊知识对约束条件进行模糊化处理：

$$\sum_{i-1}^{n} E(R_i)x_i \tilde{>} \rho \qquad (2-11)$$

2.3.2　源荷互动理论在弃电曲线追踪方面的应用

源网荷储互动的本质是解决电力系统复杂的功率动态平衡问题。由此，从"不平衡状态–平衡调节"的角度来探讨互动的内涵，建立源网荷储互动模型。所谓不平衡状态是指引起被控量发生不期望变化的各种内部或外部因素，从产生扰动的主体来看可以分为电源扰动、电网扰动和负荷扰动。平衡调节则是互动的具体表现形式，针对不同类型的不平衡状态，源、网、荷、储会有相应的调节动作，构成互动行为。基于"不平衡状态–平衡调节"模型，可归纳为源随荷动、荷随源动、网随网动、荷随网动、源随网动等互动形态。

1. 低谷时段新能源与储能负荷直接交易机制

将负荷低谷段划分为晚上 9 点到次日早上 6 点，在供暖期的冬季，这也正是大风期，为了保证热电机组的供热，系统调峰能力相对减弱，在这个时段开展交易，风力发电企业积极性相对较高，储能用户也能通过低电价储热，在夜间正常供热的同时，获得白天的供热能源。

交易主体包括风力发电企业与储热（电）式电采暖负荷，交易产品根据电网历史运行及预测功率情况，按照月度为周期，在负荷水平较低的夜间谷段时期组织储热（电）式电采暖负荷与风力发电企业通过双边协商、集中竞价和挂牌等方式进行全电量清洁能源直接交易，生成月度交易结果，由电力调度机构按照交易结果制定发电计划，保障交易结果的准确执行。交易方式可采取双边、挂牌、集中竞价等形式，交易周期可在月度组织，交易执行方面由储热（电）式电采暖负荷在夜间谷段时期使用电力，确保到户交易价格水平较低，交易结算时交易机构根据月度谷段电量与直接交易合同，进行月度结算和清算。

2. 弃风时段的发电侧预挂牌交易机制

上午 11 点到下午 1 点是光伏发电大发的时段，也是弃风的高发期，为了补充储能电采暖用户的谷段用电，考虑项目建设初期更多地开展该时段的弃风预挂牌交易。调度机构通过周发电计划曲线的编制，至少提前两日公示预弃风方式，交易机构在发电侧开展预挂牌交易，在弃风当日实际弃风时段，调度按照预挂牌交易价格安排调电。储能用户按照调度的命令进行储能设备的启停。交易主体为风力发电企业与储热（电）式电采暖负荷，交易产品与调度机构建立执行日前两天周期的弃风预警机制，在发电侧开展预挂牌交易，在当日实际弃风时段，按照预挂牌交易价格安排风力发电。交易方式采取挂牌形式，交易周期为执行日前两天，交易执行在弃风时段按照预挂牌交易价格安排风电发电，确保到户交易价格水平较低。交易结算时交易机构按照预挂牌交易执行结果，完成日清分、月结算。

3. 新能源与储能负荷带曲线直接交易机制

随着储能的发展，储能规模的提升，在全时段响应新能源的发电曲线，可开展带曲线的直接交易。交易主体为新能源发电企业与储热（电）式电采暖负荷，交易产品按照电网历史运行、风力发电预测功率和储热（电）式电采暖负荷每日用电情况，设置风电发电功率典型曲线，由用电侧进行自主选择。以挂牌方式开展交易，交易执行时储热（电）式电采暖负荷在夜间谷段时期按照达成交易结果的发电曲线边界使用电力，确保到户交易价格水平较低，交易结算由交易机构按照计划曲线与实际曲线进行计算，完成日清分、月清算。

本章在源荷互动理论和相关实践基础上进一步提出了由共享储能追踪新能源弃电曲线的交易模式。

2.3.3　保险精算理论在偏差互保服务方面的应用

保险精算理论起源于人寿保险中的保费计算，其发展与人寿保险的成熟有着紧密的联系。保险精算是运用数学、统计学、金融学、保险学及人口学等学科原理，解决商业保险和社会保障业务中需要精确计算的工作。保险精算的基本原理包括两个方面：一是收支相等，即保费收入现值等于保险金支出现值；二是大数法则，即大量随机现象所呈现的必然数量规律。

保险精算的基础是大数定律，在经济保险中用到的大多数为独立同分布大数定理，其中较为经典的方法是伯努利大数定律。伯努利大数定律属于一种独立同分布大数定理，其特点是随机变量的取值服从同一分布。一般地，对个体而言损失的发生是不确定的，而对群体而言损失则具有相对稳定性。保险公司利用在大多数情况下损失发生的相对稳定性使风险分散，由投保人公平合理地分担总的损失。

保险经营的风险在于未来实际发生的损失与估计的期望损失一致，由大数定律可知，投保人越多，实际损失与期望损失值越接近，保险经营风险越小。所以保险经营的核心要素包括三方面：一是必须维持投保群体的数量；二是合理确定保费价格以符合个体的损失期望；三是具备风险损失的承担能力。

由于风光互补发电系统等不可控新能源的随机性和波动性，不可调工商业用户用电行为的不确定性，其预测偏差与实际发用电功率会出现偏差。本章提出一种共享储能偏差互保服务模式，由不可控新能源企业与不可调工商业用户向共享储能运营商购买偏差互保服务，并向共享储能运营商支付互保费用，由共享储能运营商代替不可控新能源企业和不可调工商业用户承担偏差风险。

共享储能运营商作为保险人建立平衡账户，平衡账户不仅需要具备资金亏损的承保能力，还应具备调节能力，并满足电网运行的调控要求。不可控新能源企业和不可调工商业用户作为目标群众，使其具有充足的投保意愿是该商业模式可持续的基础。投保的新能源企业和工商业用户作为被保险人，在电力市场的偏差责任认定时需支持偏差责任的转移，被保险人在支付保费后偏差考核的责任主体应变更为共享储能运营商。

电能量偏差作为保险标的，不可简单地进行正负偏差抵消，应坚持"提升系统调节能力"为基本原则，从共享储能电站选址、服务范围、入市条件、承保规模和调度运行控制要求等方面进行限制，防止投机套利。不可控新能源企业和不可调工商业用户出现的电能量偏差概率作为可能保风险，电能量偏差的大小决定了共享储能运营商的收益及服务定价。

◆第3章
电力市场多主体平衡调节需求
与共享储能服务模式

新型电力系统建设对电力产业产生了深刻的影响，电力系统平衡手段发生了重要变化，传统源随荷动的平衡控制方式难以应对高比例大规模的新能源接入，源荷互动、源储互动、荷储互动和源网荷储互动等平衡方式逐渐成为行业共识。在此背景下，建立完善的电力市场配套机制成为保障新平衡方式的主要工作。在责任明确、公平竞争和开放共享的电力市场中共享储能成为提供平衡调节服务的重要成员。本章从源荷多市场主体角度分析其对共享储能的平衡服务需求，进而设计面向荷侧、源侧等多市场主体的共享储能服务模式。

3.1 电力市场多主体的平衡调节需求

从经济学的视角，电能具有商品属性，其价格体现电力市场的生产成本和供需关系。从电力系统的角度来看，电能具有特殊的物理属性，一方面难以储存，另一方面电能的传输受到诸多条件的约束，电力市场正是上述两种属性的结合。为了满足电力用户需求、保障系统安全，时刻确保电力系统实施平衡的运行需求，市场中的供给者往往需要以一定的成本提供一系列保障电网安全和满足用户需求的服务。这些服务与电能商品进一步构成了电力市场的商品体系。

电力市场的商品体系与电力系统运行规律、电力技术经济特性息息相关，电力系统的主要目的是为广大电力用户提供电能服务，因此电能量是电力市场中的关键商品。而为了保障电能供应质量、电力系统安全，由各市场主体提供的调频、备用、电压控制和黑启动等服务则称为电力市场的辅助服务商品。为了保证整个系统中发电容量充裕，具备可靠持续的电力供给，国内外部分地区也探索建立了容量补偿、容量市场相关机制。此外，为增加市场的流动性，帮助市场主体控制市场风险，还有国家和地区设计了电力金融衍生品市场。

从时序角度来看，可以将电力系统平衡初步划分为容量平衡、能量平衡和功率平衡，电力市场组织中依据上述三者的平衡设计容量市场、电能量市场和辅助服务市场。容量市场的交易时序包括多年、年、月或周等，电能量市场的交易时序包括多年、年、月、周、$D-2$、日前、日内、$H-1$、60min 或 15min 等，辅助服务市场的交易时序包括 60、15、1min、s 和 ms 等。电力系统平衡时序与市场机制如图 3-1 所示。

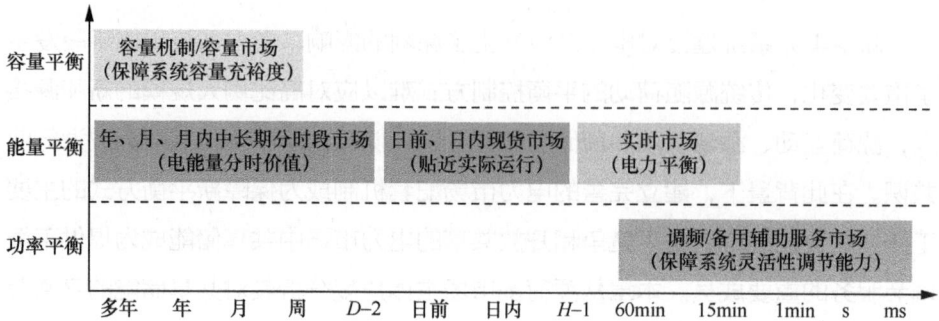

图 3-1　电力系统平衡时序与市场机制

3.1.1　工商业用户避免尖峰电价的平衡调节需求

在电力市场中，尖峰时段的高电价往往是工商业企业用电成本的主要组成部分，为了规避高昂的用电成本，需要对高电价的形成机理和用电特性进行分析，以制定有效的策略和方案来降低电力成本。

传统电力系统平衡以总用电负荷为目标，大规模新能源接入后电力系统平衡目标转变为总用电负荷减去新能源发电功率的净负荷。传统电力负荷呈现"双峰双谷"的"骆驼曲线"，如图 3-2 中 L_1 所示。随着新能源的接入，美国加州电网引入了"鸭子曲线"的概念，如图 3-2 中 L_2 显示全天电力负荷减去可再生能源（如太阳能）发电后的需求净值，定义为系统的净负荷。近年来，随着大规模新能源接入电网，"鸭子曲线"逐渐加剧成"峡谷曲线"，如图 3-2 中 L_3 显示，"峡谷"越来越深意味着白天需要启用的常规发电机组越来越少，然而随着太阳落山需要启动的常规发电能力急速增加。随着电力系统峰谷差的不断增大，发电企业为了收回投资成本，电力市场中的尖峰电价将不断升高，工商业用户用电负荷与尖峰电价时段重合，从而增加了用电成本。

从系统原理角度分析，为应对净负荷峰谷差不断扩大的形势，系统运行中就需要提前开启无法快速爬坡功率的发电资源，以在日落后能够满足负荷的需要，这就造成了相当程度的资源浪费，当峡谷壁变得越陡峭，系统就需要部署更多响应更快的发电资源。

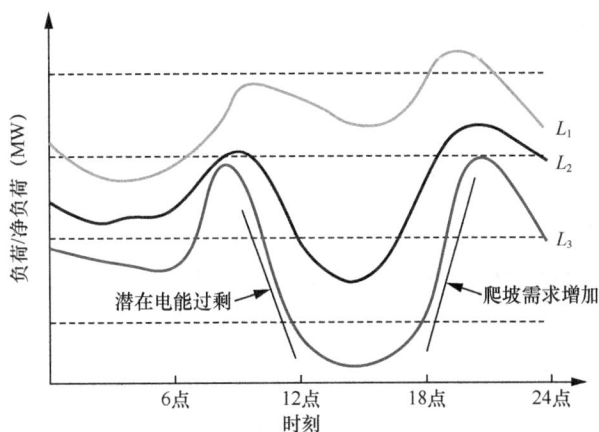

图 3-2　电力系统净负荷峰谷变化趋势

从用电特性角度来看，工商业企业的用电高峰时段往往与高电价时段重合，在尖峰时段，工商业企业通常需要同时满足生产设备的运行和员工的日常用电需求，导致电力需求集中，电网负荷急剧上升，从而推动电力市场的电价飙升。

通过共享储能与工商业用户联合，可以根据工商业企业的用电需求和生产计划，协调储能的充放电策略，平衡电力需求，更好地应对电力市场波动，降低用户用电成本，因此工商业用户为规避尖峰电价时段亟需共享储能为其提供服务。

3.1.2　新能源企业避免低谷弃电的平衡调节需求

随着以光伏发电和风力发电为代表的间歇性新能源发电比例逐步升高，新型电力系统所面临的强随机性与波动性缺陷日益凸显。一方面，风力发电和光伏发电作为典型的可再生能源，其发电量受到风速、光照等自然因素的严重影响。这导致新能源发电具有不可控性，电力系统很难精确预测新能源的发电量。这种不可控性意味着在电力系统规划和调度中，难以事先确定新能源的产生量，从而难以进行精准调度。尤其是在自然因素波动较大的情况下，电力系统难以适时调整新能源的发电，导致在新能源过剩时段出现弃电的问题。这不仅造成资源浪费，也增加了电力系统运行的复杂性。另一方面，由于新能源发电的产生时间和电力负荷的用电时间不一致，造成电能供求不平衡。如中午时段和夜间时段，电力系统的负荷用电较少，但中午时段是光伏发电高峰时段，夜间时段是风力发电的大发时段，由此导致新能源弃电。

为了解决新能源弃电问题，需要综合运用多种技术手段，例如源荷互动、需求响应、储能、分布式能源系统和源网荷储一体化等。共享储能是其中的技术手段之一，考虑共享储能作为新能源弃电的消纳方，由共享储能与新能源进行弃电曲线追踪交易。新能源企业根据电站运行情况预测发电功率曲线，当可能出现弃电时进行挂牌，共享储能则根据消纳能力进行摘牌，实现共享储能对新能源弃电的调节，避免产生弃电。

3.1.3　多市场主体避免购售偏差的平衡调节需求

新能源企业和工商业用户作为电力市场的主要市场主体，扮演着促进清洁能源发展和满足用电需求的重要角色。由于新能源发电和工商业企业用电的不可准确预测性，以及电力市场的供需波动性，这些市场主体在电力交易中不可避免地会产生购售电偏差。为了确保电力市场的正常运行和维护市场公平，电力市场中对购售电偏差的处理尤为重要。这不仅涉及电力系统的平衡要求，也关系到电力市场的稳定和可持续发展。

新能源企业作为电力市场中的供应方，其发电受到天气、气象等自然因素的影响，呈现出不稳定性和间歇性，使得新能源发电的产生量难以精确预测。在电力市场交易中，如果实际发电量与预测不符，就会产生售电偏差。工商业用户作为电力市场的需求方，其用电需求也可能受到季节、天气等因素的影响，进而产生购电偏差。

电力市场中对购售电偏差的处理是促进供需平衡、减少系统备用的重要手段。一般地，电力市场会通过设立电力交易合同约定和购售电量的上下限来规范市场主体的行为。当市场主体的购售电量超出约定范围时，就会产生购售电偏差。为了维护市场秩序，市场规则通常会对购售电偏差进行惩罚，以鼓励市场主体更加准确地预测和管理电力交易。偏差惩罚机制一方面可以减少市场主体的行为风险，另一方面也有助于稳定电力市场的运行，确保市场供需的平衡。

共享储能具备调节偏差的能力，在未来市场条件下，共享储能可以作为市场主体的偏差调节服务提供者，有利于优化共享储能的盈利模式，使得共享储能脱离传统峰谷电量转移套利的单一盈利模式，将储能的调节由长时低频的充放电方式转变为短时高频的充放电方式，进一步提高储能电池的利用效率，增加储能投资者的收益。

3.2　电力市场中的平衡机制

3.2.1　发电容量充裕度机制

容量平衡的关键是保证充裕的发电容量、维持可靠的电力供应。电能量市场和辅助服务市场等短期市场的价格波动性和供需不确定性增大了发电机组的投资风险。同时，受到多因素的影响电力市场价格与其真实价值之间存在差异，一些学者用"收入缺失"和"市场缺失"来说明这一问题。"收入缺失"是指由于电力市场中存在价格帽、可再生能源补贴等，造成提供备用的机组收入不足以支付总成本。"市场缺失"是指随着可再生能源在系统中占比增大，传统电厂灵活性、可靠性价值没有通过市场体现，造成容量资源收入不足，利润风险大。

各国对于确保容量充裕性及保证发电机组回收容量成本的问题进行了大量的探索。国外一些国家实施电力市场化改革之后平均电价有所下降，但实际数据表明，在已实施的市场机制基础上未能提供吸引投资所需的充分信号，一些学者研究也证实了这一观点，北欧部分国家在电力市场化改革后的装机容量增长缓慢，而需求保持相对较快的速度发展，改革前遗留的过剩装机容量逐渐消失。

短期电力市场的不断完善，充分释放了市场主体的竞争活力。为解决长期电力供应激励不足的问题，保证电力长期具有充足的发电容量，防止电力短缺，应对极端情况下的电力供应紧张情况，很多国家建立了不同类型的发电容量充裕度保障机制，包括以英国、美国 PJM 等为代表的容量市场机制，以德国、比利时等为代表的战略备用机制，以意大利、爱尔兰等为代表的可靠性期权，以澳大利亚为代表的稀缺定价机制等。

当前，我国电力容量市场总体上较为宽松。但从长远来看，较早谋划电力容量保障机制、确保供电市场长期稳定，是促进我国电力市场化改革成功的关键要素，对未来的电力安全稳定供给有至关重要的作用。从近期来看，建设电力容量市场或许是解决改革成本问题、破除市场化竞争乱象及平衡改革与发展的有效措施。因此，无论从短期利益还是长期目标出发，我国电力容量市场建设都势在必行，是解决我国人民群众长期用电需求安全稳定的有力保障，对国民生活水平的提高与社会进步有重要的现实意义。

为保证系统的发电容量充裕度，同时维持在运火力发电厂的合理经营，目前我国部分省份采取固定补偿机制，这也是适用于市场建设初期的一种容量市场机制。电力市场建设较早的国家在容量市场机制方面进行了不同程度的探索，主要包括固定补偿机制、集中容量市场、容量义务机制、稀缺定价机制、战略备用机制和可靠性期权。

（1）固定补偿机制。固定补偿机制是通过监管机构制定的容量价格为发电企业提供容量补偿，帮助其回收固定成本。固定补偿机制通过设定容量电价和计算可补偿容量来实施。从经济学角度看，固定补偿机制是运用经济性监管手段对竞争性发电侧现货市场的补充。固定补偿机制的实施包括：制定容量电价、确定每台机组可补偿容量和进行容量补偿费用结算三个步骤。

（2）集中容量市场。集中容量市场是维持电力系统发电容量充裕性，激励发电厂商投资的方法之一。通过建立电力合同市场为电力用户提供稳定的电力供应，也为发电投资商带来长期稳定的需求和收入，同时还能降低交易成本，提供中长期经济信号，反映电能的中长期供求关系，指导资源优化配置。容量市场机制通过纠正市场失灵和容量价格来引导电源投资，避免发电装机容量的周期性过度过剩与短缺循环，以经济有效的方式保证安全稳定的电力供应。美国 PJM 容量市场的结算方式主要有基本市场拍卖、追加市场拍卖和双边合约，基本拍卖市场主要目的为释放价格信号并引导发电商投资。英国容量市场以拍卖形式进行，标的物为容量交付年系统所需的发电容量，拍卖对于任何一个容量交付年提前 4 年举行，包括一级市场和二级市场。

（3）容量义务机制。容量义务机制也可称为容量保障责任机制，是一种数量型的分散式容量机制。在这种机制下，系统运营机构设定市场主体容量保障责任以及未履行责任的惩罚，市场主体通过双边交易履行保障责任。市场主体参与电量交易的前提是必须事先满足所承担的容量保障责任，否则要接受惩罚。这种责任可以针对供求两侧进行设置，不过现实中多设置在用户侧身上。用户可在容量市场中自愿选择通过双边协商和/或拍卖方式购买容量证书以完成配额。容量义务机制主要由容量的配额制度、认证制度和交易制度组成，市场运作主要分 5 个阶段：配额、认证、交易、配额监管和交付。

（4）稀缺定价机制。稀缺定价机制是电能量市场中的一种存在形式，一般应用于纯电能量市场。澳大利亚和美国得克萨斯州等在单纯电能量市场体系下未建立容量市场，而是通过执行稀缺定价机制保障发电容量长期充裕。稀缺定价机制下发电企业通过电能量市场尖峰价格来回收机组投资成本，为保证稀缺电价能够满足发电企业持留发电容量的回收，需要市场设置较高的价格上限，允许发电备用容量不足时电能量现货价格飙升至平时的数十倍甚至数百倍。然而在实践中，由于市场整体协同、市场力监管、电价稳定、电力社会价值与政策环境等多重现实因素的影响，实际尖峰电价与理论的稀缺电价存在较大偏离。

（5）战略备用机制。战略备用机制是指电网运营商与一些面临退役或停用的发电机组签订合约，在需要时使用其发电容量对电网负荷需求进行响应。在系统常规运行时，参与战略备用的机组将不被调用。在整个系统出现容量短缺时，签订备用的机组将会被调用以应对短时电力供需。在战略备用机制中，参与备用的机组将不被允许参加电能量市场。因此，此类机组收入的唯一来源为与电网运营商签署的战略备用合约。战略备用机制采用的容量一般由电网运营商确定，并采用招标的方式进行采购。采购发电容量的成本通过输电价格回收，从而将成本疏导到用户。战略备用会使用户承担支付给备用机组的费用，从而导致终端电价上升。

（6）可靠性期权。可靠性期权是一种金融产品，属于看涨期权。期权的买方向卖方支付费用，赋予期权卖方按照约定的行权价格执行合同的权力（而非义务）。期权卖方一般为发电机组，买方可以是市场运行机构（集中式）或负荷服务实体（分散式），可靠性期权具有无扭曲、高可靠性、对市场干预小等优点。可靠性期权与稀缺定价机制可以形成较好的融合机制。

发电容量充裕度机制对比见表 3-1。

表 3-1　　　　　　　　　　　　　发电容量充裕度机制对比

容量充裕度保障机制	应用地区/国家	机理与原理	优点	缺点	适用条件
固定补偿机制	智利、中国（山东省、广东省）等	由政府制定价格，针对现行机组进行补偿，保障机组短期收益	机制简单，可保证存量机组稳定经营	无对预期容量调整的引导作用，缺乏市场合理性	市场初期
集中容量市场	美国 PJM、英国、加拿大等	将发电容量作为单独的电力商品，由系统运营机构确定容量需求，通过集中拍卖形式确定容量价格	容量市场价格平稳，有效保障发电充裕性	机制复杂，容量需求确定困难，易引起市场效率损失	市场机制健全完善
容量义务机制	德国、法国、美国 MISO 等	系统运营机构设定市场主体容量保障责任，数量型的容量分散式容量机制	有利于引导供需双侧容量投资，培育新兴市场	市场主体容量保障责任确定困难，容易刺激过度	供需平衡责任明确

续表

容量充裕度 保障机制	应用地区/ 国家	机理与原理	优点	缺点	适用条件
稀缺定价 机制	澳大利亚、美国得克萨斯州等	单纯电能量市场体系下，通过极高的现货电价，反映供电紧张时的电能稀缺价值，实现发电企业容量回收	机制简单，直接反映电能量价值	存在极高电价冲击风险，价格上限易受影响	规避价格风险金融工具完善
战略备用 机制	比利时、瑞典、芬兰等	系统运营机构支配边际冗余容量，发电企业"额外"容量不参与市场	容易满足系统需求，终端用户价格相对稳定	需要对未来容量需求进行预测，不利于社会效益最大化	基荷容量充足
可靠性期权	爱尔兰、意大利等	分离容量物理属性和金融属性，通过容量期权合同实现容量成本回收的跨期调整	无扭曲，高可靠性，对市场干预小	机制设计复杂，现实政策实施案例较少	容量保障机制健全条件下

基于发电容量充裕度机制设计储能参与的容量市场交易如图 3-3 所示。

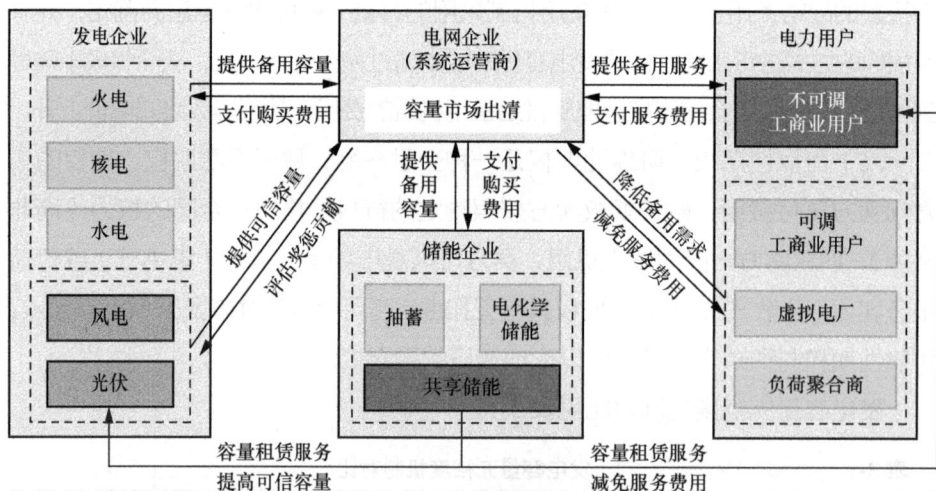

图 3-3　储能参与的容量市场机制

容量市场交易组织时，首先确定容量市场的供需曲线，其次构建容量市场出清模型，最后进行容量市场出清模型的求解。

（1）容量市场的供需曲线。

1）需求曲线。容量市场的需求曲线是由电力系统运营商确定的系统容量需求，容量需求曲线反映了容量价格与容量之间的函数关系，为反映不同系统容量水平下的容量价格变动，曲线设置了三个拐点。

图中纵坐标表示容量价格，横坐标表示容量裕度 I_{GC}，容量裕度为系统可用容量与系统最大负荷之比：

$$I_{GC} = \frac{(1-p)I_{GS}}{L} \tag{3-1}$$

式中：p 为系统机组平均失负荷概率；I_{GS} 为系统可用容量；L 为系统年度最大负荷，一般为最大峰值负荷与满足备用之和。假设净新进机组成本 C_M，反应机组无法在电能量市场和辅助服务市场回收的固定成本：

$$C_M = C_Y - C_E - C_{AS} \tag{3-2}$$

式中：C_Y 为新进机组成本；C_E 为机组参与电能量市场获得的净利润；C_{AS} 为机组参与辅助服务市场获得的净利润。

　　需求曲线的三个拐点 A、B、C 坐标如图 3-4 所示。B 点为理想情况，此时系统容量略有盈余，在 B 点左侧容量充裕度降低，容量价格上升，激励发电企业投资，容量裕度低于 A 点时设置价格上限；在 B 点右侧容量过剩，容量价格下降，容量裕度高于 C 点时严重过剩，则新增容量不再具备投资价值。

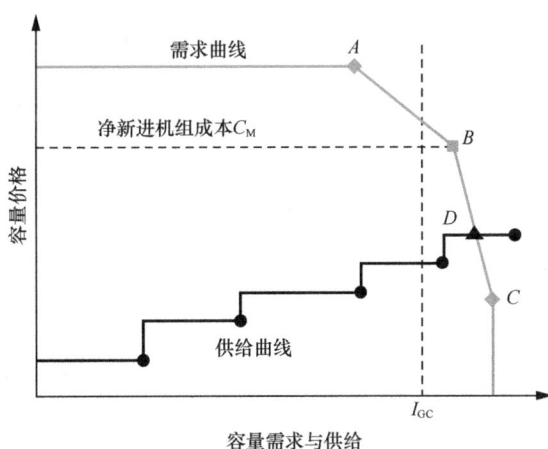

图 3-4　容量需求供给曲线

　　2）供给曲线。容量市场的供给曲线是根据现存容量及潜在新增容量发电企业的可能出价数据绘制而成，系统运营商通过评估不同资源对系统充裕性的贡献，计算资源置信容量，并评估系统可靠性，衡量容量市场运行效果。

　　（2）容量市场出清模型。

　　1）目标函数。容量市场的出清即是经济性和可靠性之间的寻优模型，在保障系统足够的发电容量充裕度的同时，市场以系统采购容量成本最小为目标，容量市场中不同机组的容量成本以各机组的报价为准，目标函数为：

$$\min \sum_{j=1}^{N_S} \left(\sum_{i \in \theta_j} P_{i,j} G_{i,j} + \sum_{m \in \vartheta_j} P_{m,j} S_{m,j} + \sum_{k \in \sigma_j} P_{k,j} R_{k,j} + \sum_{l \in \varsigma_j} P_{l,j} D_{l,j} \right) \quad (3-3)$$

式中：N_S 为系统内电气分区总数；$P_{i,j}$ 为第 j 区第 i 台传统机组的报价；$P_{m,j}$ 为第 j 区第 m 个储能电站的报价；$P_{k,j}$ 为第 j 区第 k 个新能源机组的报价；$P_{l,j}$ 为第 j 区第 l 个需求侧新型主体的报价；$G_{i,j}$ 为第 j 区第 i 台传统机组的有效容量；$S_{m,j}$ 为第 j 区第 m 个储能电站的有效容量；$R_{k,j}$ 为第 j 区第 k 个新能源机组的可信容量；$D_{l,j}$ 为第 j 区第 l 个需求侧新型主体的自主调节容量；θ_j、ϑ_j、σ_j 和 ς_j 分别为第 j 区中传统机组、储能电站、新能源机组和需求侧新型主体的集合。

2）容量平衡约束：系统中传统机组出清容量、储能电站出清容量、新能源机组出清容量和需求侧新型主体出清容量之和应满足系统备用裕度要求。

$$\sum_{i \in \theta_j} G_{i,j} + \sum_{m \in \vartheta_j} S_{m,j} + \sum_{k \in \sigma_j} R_{k,j} + \sum_{l \in \varsigma_j} D_{l,j} = \overline{L_j} \left(1 + I_{GC} \right) \quad (3-4)$$

式中：$\overline{L_j}$ 为交付年的系统最大负荷；I_{GC} 为系统容量裕度。

3）可靠性约束。容量市场的目标是保障系统可靠性，以失负荷期望作为可靠性指标，对系统可靠性进行约束。

$$LOLE(I_{GC}) \leq \beta \quad (3-5)$$

式中：β 为设定的可靠性标准；$LOLE$ 为系统失负荷期望。

4）传统机组容量约束。传统机组容量包括在运行机组和待建机组，机组在市场中可申报容量为其最大有效容量，即在机组额定容量基础上考虑其强迫停运率。

$$0 \leq G_{i,j} \leq \overline{G}_{i,j} \quad (3-6)$$

$$\overline{G}_{i,j} = \hat{G}_{i,j} \left(1 - FOR_{i,j} \right) \quad (3-7)$$

式中：$\overline{G}_{i,j}$ 为传统机组的有效容量；$\hat{G}_{i,j}$ 为传统机组的额定容量；$FOR_{i,j}$ 为传统机组的强迫停运率。

5）储能电站容量约束。储能电站有功率和能量两种额定容量，功率额定容量以 MW 表示，能量额定容量以 MW•h 表示,本书采用功率额定容量表示储能电站的有效容量。

$$0 \leqslant S_{m,j} \leqslant \overline{S}_{m,j} \quad\quad\quad （3-8）$$

$$\overline{S}_{m,j} = \hat{S}_{m,j}\left(1 - FOR_{m,j}\right) \times CF_m \quad\quad\quad （3-9）$$

$$CF_m = \min\left\{\frac{ESP - ECP}{\hat{S}_m \cdot NHP}, 1\right\} \quad\quad\quad （3-10）$$

式中：$\overline{S}_{m,j}$ 为储能电站的有效容量；$\hat{S}_{m,j}$ 为储能电站的额定容量；$FOR_{m,j}$ 为储能电站的强迫停运率；CF_m 为储能电站的有效容量系数；ESP 和 ECP 分别为储能电站在高峰时段的放电量和充电量，当充电量大于等于放电量时储能有效容量为零，有效容量计算时储能充放电量采用历史均值；NHP 为系统负荷峰段时长。

（3）容量市场出清模型求解。可靠性评估方法中非序贯蒙特卡洛法的模型简单，内存占用少，所需的原始可靠性数据也相对较少，比较适合应用在大规模电力系统可靠性评估中，本书采用非序贯蒙特卡洛法进行可靠性评估。

非序贯蒙特卡罗第 s 次抽样的失负荷量可以由如下模型计算：

$$\Delta Q_{s,t} = \min\sum_{j=1}^{N_S} \Delta L_{j,s,t} \quad\quad\quad （3-11）$$

$$W + \sum_{k \in \sigma_j} R_{k,j,s,t} + \varphi = L_{j,t} - \Delta L_{j,s,t} \quad\quad\quad （3-12）$$

$$W = \sum_{i \in \theta_j} G_{i,j,s,t} + \sum_{l \in \varsigma_j} D_{l,j,s,t} + \sum_{m \in \vartheta_j} S_{m,j,s,t}^{\mathrm{dch}} - \sum_{m \in \vartheta_j} S_{m,j,s,t}^{\mathrm{ch}} \quad\quad\quad （3-13）$$

$$\underline{G}_{i,j} x_{i,j,s,t} \leqslant G_{i,j,s,t} \leqslant \breve{G}_{i,j} x_{i,j,s,t} \quad\quad\quad （3-14）$$

$$0 \leqslant \Delta L_{j,s,t} \leqslant L_{j,t} \quad\quad\quad （3-15）$$

式中：$\Delta Q_{s,t}$ 为第 s 次抽样系统 t 时刻失负荷量；$\Delta L_{j,s,t}$ 为第 j 区 t 时刻失负荷量；$L_{j,t}$ 为第 j 区 t 时刻负荷；σ_j 为第 j 区新能源机组的集合；$R_{k,j,s,t}$ 为第 s 次抽样第 j 区 t 时刻的第 k 个新能源机组的功率；φ 为新能源预测误差；$G_{i,j,s,t}$ 为第 s 次抽样 j 区 t 时刻的第 i 个传统机组的功率；$\underline{G}_{i,j}$ 为传统机组最小功率；$\breve{G}_{i,j}$ 为传统机组最大功率；$x_{i,j,s,t}$ 为第 s 次抽样 j 区 t 时刻机组的状态；$S_{m,j,s,t}^{\mathrm{dch}}$ 和 $S_{m,j,s,t}^{\mathrm{ch}}$ 分别为第 s 次抽样第 j 区 t 时刻的第 m 台储能电站的充电荷放电功率。

第 s 次抽样系统评估时，计算模型以失负荷量最小为目标，满足电力平衡和机组特性等约束。约束中考虑新能源预测误差 φ 使得模型求解变得困难，考虑到容量市场作为远期市场对实时平衡的要求较低，即将式（3-16）松弛为机会约束，在小概率事件的极端条件下不满足约束，机会约束模型中机会约束条件的处理使得模型求解速度变慢。

$$Pr\left(W + \sum_{k \in \sigma_j} R_{k,j,s,t} + \varphi - L_{j,t} + \Delta L_{j,s,t} = 0\right) \geq \pi \qquad （3-16）$$

式中：$Pr(\bullet)$ 为事件概率；π 为设定的置信水平。

利用随机模拟的方式进行计算时，对任意时刻 t，按照约束条件中随机变量的分布规律产生足够数量的随机样本，利用样本计算式（3-16）是否成立，若成立次数与验证次数的比值大于等于 π，则判定机会约束条件成立；反之则不成立。

求解时按照随机变量 φ 分布规律进行 M_{sa} 次采样，第 sa 次采样的值为 φ_{sa}。当采样次数足够大时，机会约束条件可代替为混合整数线性约束条件。

$$W + \sum_{k \in \sigma_j} R_{k,j,s,t} + \varphi_{sa} - L_{j,t} + \Delta L_{j,s,t} = M \bullet \left[1 - d_t(sa)\right] \qquad （3-17）$$

$$\sum_{sa=1}^{M_{sa}} d_t(sa) \geq M_{sa} \bullet \pi \qquad （3-18）$$

$$d_t(sa) = 0 \text{ 或 } 1 \quad \forall 1 \leq sa \leq M_{sa} \qquad （3-19）$$

式中：M 为一个足够大的正数；$d_t(sa)$ 为 0、1 变量，当 $d_t(sa)=1$ 时，机会约束条件成立；当 $d_t(sa)=0$ 时，机会约束条件不成立；对于所有 M_{sa} 次采样机会约束条件都成立时，则随机变量 φ 可认为是固定值。

同时，还应满足新能源机组、储能、需求侧主体等运行的约束，此处不再赘述。采用蒙特卡罗计算可靠性指标使得模型成为双层优化模型。大规模可再生能源发电并网后单纯依赖发电侧资源不能完全满足可再生能源作为电网主力发电形式下电力系统可靠、安全、高效运行的要求，必须从需求侧挖掘新的可用资源。需求侧主体主动降低容量备用需求，能够有效减少电源、电网的容量投资，缓解容量市场价格尖峰。

因此，在容量市场下共享储能提供容量租赁服务的意义为提高新能源电站

的可信容量、降低用户的容量电费。在容量市场组织前，需要确定系统可靠性
指标，并统计历史峰荷的概率曲线。具体交易流程如图 3-5 所示。

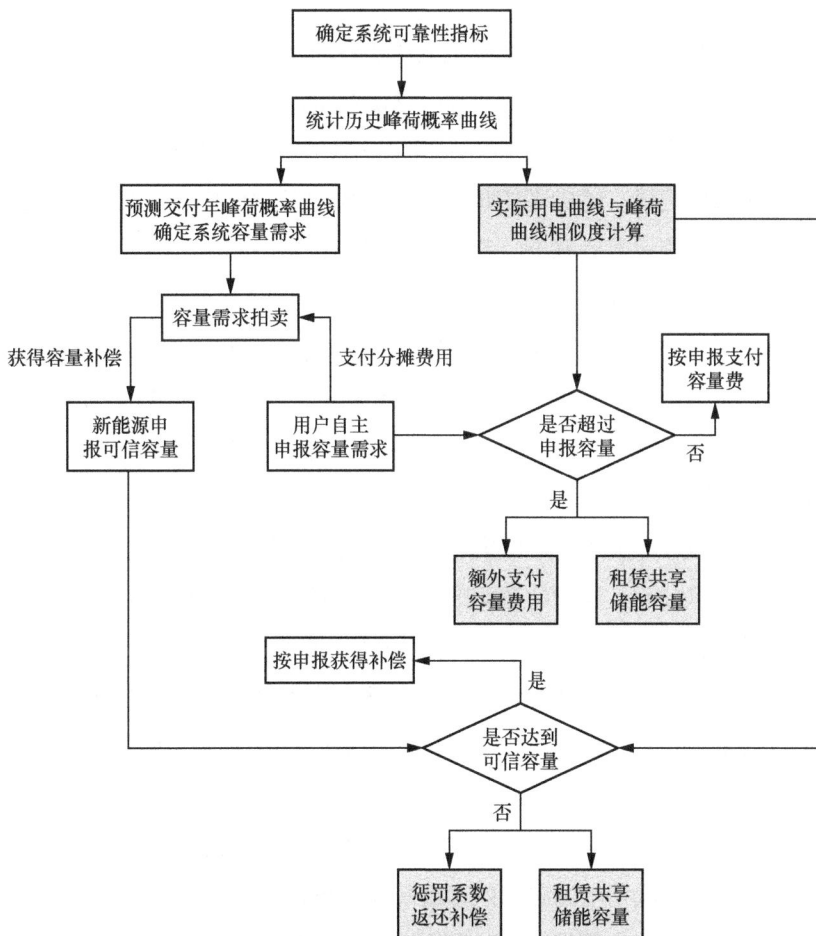

图 3-5　容量拍卖机制下储能服务收费模式

3.2.2　辅助服务市场机制

1. 欧洲统一电力市场的实时平衡市场机制

在实时调度运行中用户保障发电负荷实时平衡的机制称为实时平衡机
制，实时平衡机制依赖两个平衡市场的支持：一个是容量平衡市场，该市场
可以在交付日之前一天到一年前开展，具体开展时间在欧盟内部并无统一的
要求。容量平衡市场中标的发电和负荷必须承诺在实时运行中能够提供用于
实时平衡的电能。另一个是能量平衡市场，参加能量平衡市场的市场成员需

要提交其增减功率对应的价格要求，在实时市场关闸时间之前，市场成员可以随时提交和修改报价，容量平衡市场中标的市场成员必须参与能量平衡市场。

在电网实时运行中，输电系统运营机构在考虑发用电设备技术能力的前提下，顺序调用成本最低的发用电资源以平衡发电与用电偏差。

实时电力平衡管理主要涵盖一次调频备用、二次调频备用和替代备用等辅助服务的获取和结算。输电系统运营机构、配电运营机构、能源监管机构合作署、欧洲输电系统运营商联盟、受委托提供市场服务的第三方机构和其他市场主体是实时平衡管理的核心参与方。

实时电力平衡管理的主要目的包括：促进实时平衡市场的竞争、公平和透明运营；提高电网实时调度运行以及国家级实时平衡市场和欧洲实时平衡市场的运营效率；整合形成更大范围的实时平衡市场，促进实时平衡服务的大范围优化配置，提升电网的安全运行水平；促进电网和电力工业的长期高效运行和可持续发展，提升日前市场、日内市场和实时平衡市场之间的系统水平；保障实时平衡服务以公平、客观、透明的市场机制获取，为新市场主体的进入提供公平便利条件，提升实时平衡市场的竞争性，避免扭曲电力市场的价格信号；推进负荷侧相应资源参与市场，包括负荷聚合上和储能，使其能够与其他市场主体进行公平竞争；促进可再生能源参与市场，服务可再生能源发电发展战略目标的实现。

实时电力平衡管理应注重均衡性和公平性原则，保障市场公开透明，在市场主体运营成本最低和市场总体效率最高之间进行合理取舍，实现最优化运行。输电系统运营机构在电网运行中应尽最大可能采用市场机制保障电网的安全稳定运行，当然它也被赋予了受法律保护的市场干预权力了，为有效协调实时平衡市场运营与配电网运营，与配电运营机构的充分沟通也必不可少。

欧洲统一电力市场下的实时平衡市场建设与运行是相对独立的，不干扰远期市场、日前和日内市场的建设及运行。

2. 美国 PJM 电能量与辅助服务联合出清机制

美国 PJM 采用电能与辅助服务联合出清的模式，包括日前电能和计划备用联合优化，以及实时市场的电能、调频、备用联合优化两部分。电能与辅助服务联合出清是指市场出清计算时，根据电能量与辅助服务的报价，考虑电能量与辅助服务之间的约束耦合关系，以电能量与辅助服务总成本最小为优化目标，通过一次出清计算生成电能量与辅助服务的中标功率及价格。电能量与辅助服务的联合出清模式之外，电能与辅助服务也可以独立顺序出清。

美国 PJM 在日前提交运行备用的报价，提供运行备用的同一资源可以同时参与调频市场报价。所有参与日前电能量投标并满足计划备用条件的机组均认为可以提供计划备用；日前市场出清形成次日小时机组组合、日前 LMP 和备用计划及价格。日内小时前组织调频市场和同步备用市场，分小时前辅助服务优化（ASO）、滚动（IT SCED）、实时（RT SCED）3 个步骤与实时电能进行两盒优化。ASO 在运行前 60min 执行，联合优化电能、备用和调频，同时进行调频市场力检测；IT SCED 联合优化电能和备用，执行电能的市场力检测，并判断备用资源是否短缺，该阶段可进一步调用燃气机组和需求响应等响应速率较快的资源；RT SCED 通常提前 10min 执行，联合电能、调频和备用，得到每 5min 的电能、调频、备用计划和价格。

美国 PJM 的电能与辅助服务联合优化出清机制充分体现了电能与备用、调频在物理方面的容量耦合关系，以及在经济方面的机会成本关系，是对电能与辅助服务物理、经济客观规律充分表征、充分尊重的出清机制。联合出清模式同步考虑电能量、辅助服务的经济性目标、物理性约束，相比独立出清，联合出清对电能、调频、备用资源的安排整体遵循系统整体社会福利最大的原则，能够最大程度上实现更为经济的电能量与辅助服务安排，最大化市场资源配置效率。但是联合优化的出清模式需要考虑的因素与约束条件较多，对运行部门的出清组织、安全校核工作、结果合理性分析，以及市场成员成熟度提出了更高要求。

3. 我国辅助服务市场机制

发用电实时平衡是电力系统最为显著的特征之一，同时系统频率也应当控制在额定频率（50Hz）附近。如果系统频率偏离额定频率过大，将严重影响电能质量，甚至损坏用电设备。频率偏离超过一定范围时，还会导致发电机保护动作，断开与电网的链接，从而引起系统频率的更大波动，造成更多的发电设备脱网，即电网连锁故障。电网连锁故障的出现常常会造成大面积停电，甚至造成全网大停电。因此，电网调度机构必须负责控制区内的发用电平衡，实时控制电力系统发输配用各个环节，以免出现大的频率偏差和连锁故障。这就需要建立一套完整的电力平衡机制，用于规范调度机构、电网企业、发电企业和电力用户等各参与方的行为。

我国通过建设电力辅助服务市场保障系统的实时平衡，将电力辅助服务的种类分为有功平衡服务、无功平衡服务和事故应急及恢复服务。有功平衡服务包括调频、调峰、备用、转动惯量、爬坡等电力辅助服务；无功平衡服务即电压控制服务，电压控制服务是指为保障电力系统电压稳定，并网主体根据调度下达的电压、无功功率等控制调节指令，通过自动电压控制（AVC）、调相运行等方式，向电网注入、吸收无功功率，或调整无功功率分布所提供的服务；事故应急及恢复服务包括稳定切机服务、稳定切负荷服务和黑启动服务等。

本书主要研究有功平衡服务，重点对比频率控制、灵活爬坡和运行备用三种辅助服务产品的区别。

频率控制是在频率不平衡时响应系统频率控制的有功备用。频率控制是一次调频，响应系统频率扰动最快，且最多持续 30 s。由于其响应时间快，在统一频率同步区内的所有输电系统运营机构均自动化部署了频率控制备用。频率控制服务一般通过自动发电控制 AGC 实现，即发电机组根据调度系统发布的指令，在设定的功率调整范围内，按照设定调节速率实时调整功率，以保证系统功率和负荷平衡，维持系统安全运行。调频服务对提供者的响应速率有一定要求，通常要求能够在几秒内完成 AGC 信号所要求的响应。

灵活爬坡是能够将系统平吕恢复至给定值的可用有功备用。灵活爬坡在频率控制备用后，由每个成员输电系统运营机构的控制器在频率扰动出现后的 30s～15min 之内自动启动，属于二次调频。

运行备用是用于恢复系统频率的有功备用，是指针对发电机停运、负荷波动、线路停运等预想事故而预留的有功功率容量。备用的启用时间为频率失衡后的 15min～1h。按机组是否处于开机状态，可将备用分为旋转备用和非旋转备用。

多时间维度下的辅助服务品种如图 3-6 所示。

从产品功能的角度看，灵活调节产品是一种用于增加系统运行灵活性，保证供电可靠性的辅助服务。

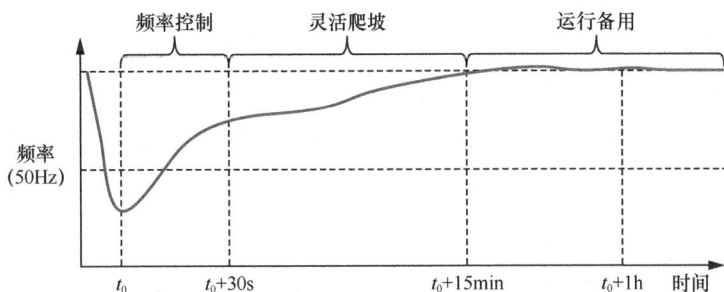

图 3-6　多时间维度下的辅助服务品种

从市场价格的角度看，调频服务的价格最高，运行备用次之，灵活爬坡的价格通常低于调频服务和运行备用，因此是一种更经济的选择。

从备用能力的角度看，运行备用只在系统出现事故时被调用，调用频率比较低，而灵活爬坡则用于每一次实时调度中，被调用频率高且几乎连续进行。同时，运行备用只有向上一个方向，即在系统发电能力不足时启动。而灵活爬坡则有独立的上下两个方向。

3.2.3　灵活爬坡服务市场

前面章节中介绍了不可控新能源和不可调工商业负荷会产生电能量偏差，但即使在保证电能量不出现偏差的情况下，由于新能源功率和电力负荷实时变化，仍然会造成系统的不平衡。图 3-7 以风力发电为例，电能量最小交易周期一般为 15min，在一个交易周期内，保证 15min 实际电量与成交电量相等时，实时功率仍然需要调整。

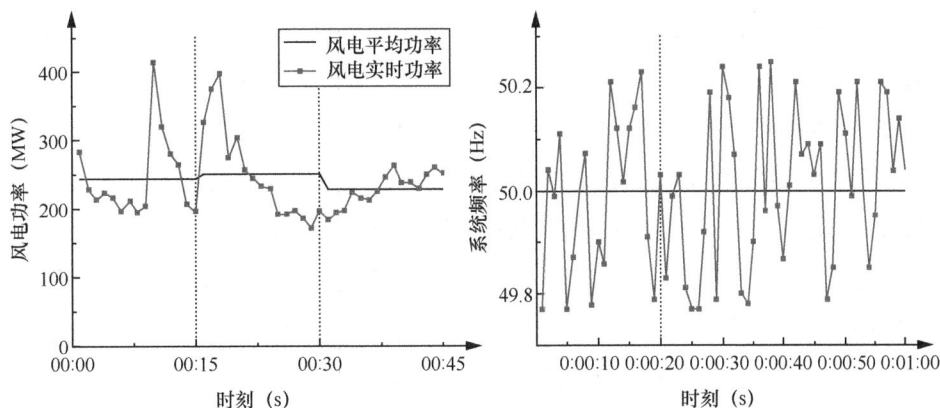

图 3-7　风力发电功率爬坡需求

近年来，我国电力行业电源结构、网架结构发生重大变化，电力装机规模持续扩大，清洁能源发展迅猛，辅助服务市场建设面临新的挑战。系统运行管理的复杂性不断提高，对辅助服务的需求量显著增加，现有辅助服务品种需进一步适应系统运行需要；仅通过发电侧单边承担整个系统辅助服务成本，已无法承载系统大量接入可再生能源产生的需求；新型储能、虚拟电厂、电动汽车充电网络等新产业新业态也亟须市场化机制引导推动发展。

为深入贯彻落实党中央、国务院决策部署，完整准确全面贯彻新发展理念，做好碳达峰、碳中和工作，推动构建新型电力系统，规范电力辅助服务管理，深化电力辅助服务市场机制建设，2021 年 12 月 21 日国家能源局印发了《电力辅助服务管理办法》（国能发监管规〔2021〕61 号），提出电力辅助服务提供商在传统火力发电、水力发电、核电、风力发电、光伏发电、光热发电、抽水蓄能、自备电厂等发电侧并网主体基础上新增了电化学、压缩空气、飞轮等新型储能，高载能工业负荷、工商业可中断负荷、电动汽车充电网络等能够响应电力调度指令的可调节负荷（含通过聚合商、虚拟电厂等形式聚合）。

灵活爬坡作为一种新的辅助服务市场产品，主要用于提高实时调度中的系统运行灵活性，以减轻含间歇性可再生能源发电渗透率较高的电力系统在维持实时平衡时所面临的压力。任何在实时市场进行能量报价的可调度资源都可以提供灵活调节产品，其能提供的产品数量被认为是给定响应时间内该资源为满足系统净负荷变动而进行爬坡和滑坡的能力。系统净负荷等于系统实际负荷减去间歇性可再生能源发电功率，具备波动性和不确定性。

灵活上下爬坡需求如图 3-8 所示，点 A 表示当前调度时刻的净负荷值，点 B 表示预测的下一调度时刻的净负荷值，它们之间的差值表示净负荷的波动性。考虑到间歇性可再生能源发电功率固有的波动性和不确定性，在预测净负荷时，需要预留一定裕度。点 C 表示在特定置信水平下，下一个调度时刻的系统净负荷上限，点 D 则表示对应的系统净负荷下限。点 B 与点 C 之间的差值和点 B 与点 D 之间的差值分别表示净负荷向上和向下的不确定性。为满足下一调度时段可能出现的净负荷变动，需要在当前时段预留一定的向上和向下爬坡能力，使净负荷能够从当前调度时刻 A 移动到下一个可能的调度时刻点 C 和点 D 之间任意点。点 A 与点 C 之间的差值为系统所需的向上爬坡能力，而点 A 与点 D 之间的差值为系统所需的向下滑坡能力。

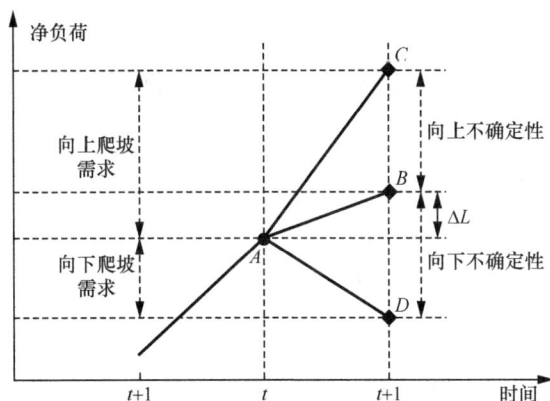

图 3-8　灵活上下爬坡需求

电网运行机构针对每一调度时段提前设定好系统总体的向上和向下爬坡能力要求，然后向具有资质的资源供应商购买相应量的灵活爬坡和滑坡产品。

系统所需的爬坡和滑坡能力与净负荷的波动性和不确定性有关，分为上下两个方向且相互独立。净负荷的波动性和不确定性可以采用短期负荷预测估计，并考虑间歇性可再生能源发电功率特性。在不同的调度时段系统对爬坡和滑坡能力的需求存在差异。当预测下一时段的净负荷将出现比较明显的增长时，系统不需要预留滑坡能力，即不需要购买向下的灵活调节产品。储能参与的灵活爬坡服务机制如图 3-9 所示。

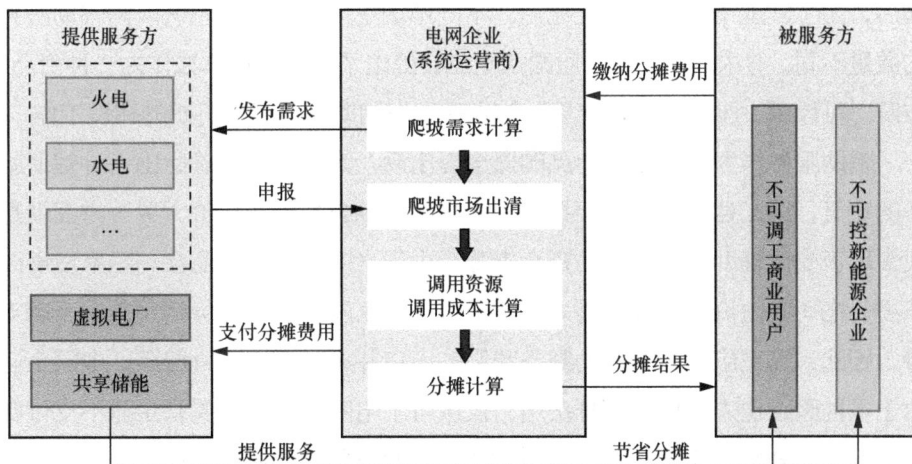

图 3-9　储能参与的灵活爬坡服务机制

3.3 储能参与市场主体认定

3.3.1 我国辅助服务补偿机制主体

我国电力辅助服务补偿机制严格说来，是并网发电厂辅助服务补偿机制。在 2006 年出台的《并网发电厂辅助服务管理暂行办法》（电监市场〔2006〕43 号）中，明确"辅助服务是指为维护电力系统的安全稳定运行，保证电能质量，除正常电能生产、输送、使用外，由发电企业、电网经营企业和电力用户提供的服务，包括：一次调频、自动发电控制（AGC）、调峰、无功调节、备用、黑启动服务等"，也明确了"本办法所称辅助服务是指并网发电厂所提供的辅助服务"，所以从现行辅助服务补偿机制的角度来看，所指的辅助服务提供主体是并网发电机组。

从辅助服务的经费来源看，是由发电企业集体承担的"零和游戏"，即"假定所有发电企业均有同等强度的辅助服务义务，提供了自己应有强度辅助服务的发电机组拿到核定电价，提供多的发电机组可以从多提供部分获得补偿，提供少的发电机组少于应有强度部分向提供多的发电机组提供费用"。这也是现行辅助服务机制被称为"补偿机制"的核心原因，即受益者不支付费用，由提供者支付。

当时形成这个补偿机制是有历史背景的。2004 年，厂网间突出矛盾调研开展后，为了实现市场主体多元化后，不同市场主体承担电力系统所需辅助服务的数量不同，寻求解决方案。原国家电监会提出了辅助服务单独作为一种商品，按照"可计量、可监管、可交易"的步骤推进辅助服务经济机制的建设工作。

辅助服务作为一种独立商品的概念提出后，第一件事情是给出各种辅助服务的定义，第二件事情一方面是找到科学的计量公式进行定价，另一方面就是找到用于支付辅助服务费用的资金来源。由于当时原国家电监会与国家发展改革委价格司就电价职能分工尚未协调一致，国家发展改革委价格司并未表态支持，因此，真正应该承担辅助服务费用的用户并未承担该部分费用。电网企业由于多种原因也未承担该部分费用，仅认可了电网企业及其关联企业不支付费用也不参加分配的原则。考虑到当时建立辅助服务补偿机制的目的是实现厂网分开后，多元化主体提供辅助服务的公平性，同时由于工业用电蓬勃发展，日内不稳定电源比例很小，辅助服务的绝对量并没有受到发电企业的重视，因此，最后决定由发电企业承担辅助服务费用，实际上这个科目并未在电价核定过程中存在过，只是认为原来考虑的是全口径成本，其中也考虑了调节服务的成本。辅助服务的经济机制被称为是"补偿机制"的核心特点就是，辅助服务的费用并非来自电力的消费者，而是来自电力的生产者，另外就是辅助服务的支付标准并非能够弥补辅助服务的成本。

辅助服务补偿机制设计过程中，原国家电监会确定了"可计量、可监管、可交易"的三步走战略，即首先建立辅助服务是商品的概念，解决计量问题，然后摸索监管的激励相容方式，确定辅助服务使用总量与成本方面对电力调度机构的约束激励指标，最后配合电能量市场化建立辅助服务市场。遗憾的是受到机构更迭影响，原国家电监会的工作仅完成了第一步"可计量"，也就是如今的辅助服务补偿机制（市场）。

因此，从辅助服务补偿机制建立的缘由来看，发电企业成为当然的主体，辅助服务费用的收入者和支付者均为发电企业。

3.3.2　储能在辅助服务补偿机制中定位

辅助服务补偿机制在全国基本建成后，初期辅助服务的财务主体和物理提供主体是统一的，均为并网公用发电厂。2011 年，华北地区拟引入储能技术参与辅助服务补偿机制，主要的辅助服务品种为自动发电控制（AGC），引发了对于非传统电厂设备参与辅助服务的讨论。传统发电侧辅助服务是依靠发电机组提供的，但是储能明显是非传统设备。

经过讨论，储能初期的引入采用了电厂即插即用设备，认为是发电机组技术改造的一种，调度系统并不将储能作为独立单元使用，只是认为经过改造电厂机组提供调频服务的性能大幅提高。市场机制中仍将发电机组视为辅助服务提供的财务主体和物理提供主体，发电企业承担辅助服务费用分摊，发电企业通过调频服务获得补偿费用，并将补偿费用按照约定在发电厂和储能集成商之间进行分配，形成了世界范围内独创的发电机组——电化学储能联合调频模式。

该种模式在京津唐地区和山西省得到了广泛应用，本轮改革启动之后，随着广东修改了调频辅助服务的计量公式，使用发电企业账户，与发电机组联合运行的模式得到了普及，极大地促进了储能在电力系统辅助服务中的应用。虽然，很多文件都对第三方和负荷侧参与辅助服务进行了描述，并且允许这些技术进入辅助服务补偿机制或者市场，但是仍未就辅助服务的财务主体和物理提供主体进行过明确。直至 2020 年 6 月 8 日，华中能源监管局印发《湖北电力调峰辅助服务市场运营规则（试行）》中确定，电储能可独立参与调峰辅助服务，这是国内储能设施可以以独立市场主体身份参与辅助服务市场的重大突破。但同为华中地区的湖南，依然明确电力辅助服务市场模拟运行期间，只以单个电厂为市场主体。

电化学储能技术独立参与辅助服务提供，能够更加充分地发挥其无死区、速度快、精度高的特点。因此，在相关文件中，逐步表达了将辅助服务财务主体和物理提供主体分开的意思。即电化学储能以及负荷侧主体可以直接作为调度单元提供辅助服务，不必一定装在发电厂内，只要满足独立接受调度指令的能力即可，财务上仍要以发电企业账户进行商务活动，辅助服务费用仍采取间接支付方式。由发电企业承担分摊，同时由发电企业获得辅助服务费用，按照约定与电化学储能和负荷侧主体进行分配。

与储能类似，需求侧也可以参与调频，作为调频市场的主体（前置条件与储能相同），将电力负荷作为电网的可控有功调节设备，根据电力系统的频率以及联络线平衡状况，接受电网调度中心实时下发有功调节指令到特定负荷，负荷自动根据指令要求进行功率调节的过程。在负荷接受调度中心直接控制时，当频率升高，电网可以下发指令到可控负荷提升负荷的使用功率，反之亦然。调度中心可以通过控制发电机组和大量的可控负荷资源进行频率的控制，从而使电网的控制能力以及灵活程度大幅度地增加。

根据调频过程对负荷的控制动作，通常可将参与调频服务的负荷分为两大类：一类是"调节负荷"，通过在一定范围内调节负荷的某个参数，控制负荷从电网中吸收的功率，实现调频，如电解铝、空调、冷库等。这类负荷影响正常生产运行的关键因素有较大的惯性或一定的可变范围；电力负荷可短时变化，但要保持平均值的长期稳定。

另一类是"开关负荷"，通过远程控制负荷的投入或切除，实现调频，如电动汽车充电站、洗衣机、洗碗机等。这类负荷可利用闲暇时间运行，从系统吸收功率；负荷对开启和关闭的时间要求不严格。

因此，与储能系统相似，一些电力负荷具有可控功率的能力，能够作为辅助服务市场主体对系统提供调频服务，对系统的调频能力和补偿费用产生一定的影响。

3.4 储能参与辅助服务面临的挑战

虽然市场关注度与日俱增，但目前国内电力辅助服务市场还难以对储能等新型灵活性资源形成有效激励，储能参与辅助服务面临定价机制、成本分摊、监管方式等方面问题。

3.4.1 储能参与辅助服务定价机制问题

虽然江苏省、广东省、福建省、甘肃省、山西省、华北地区、蒙西经济区等地已明确储能参与辅助服务的市场定位和按效果付费的基本原则，但就全国而言仍然缺少储能参与辅助服务的并网管理规范，现有交易、调度平台以及计量、结算体系也尚未与之充分匹配，且现行电价机制下，储能收益也存在较大不确定性。

调峰方面，中国南方电网有限责任公司对电力机构直接调度的储能电站提供的调峰服务按 0.5 元/kWh 给予补偿；新疆维吾尔自治区对根据电力调度机构指令进入充电状态的电储能设施所充电的电量补偿标准为 0.55 元/kWh；山西省对独立储能电站市场交易申报价格参考现货市场火力发电机组深度调峰第四档区间 0.75～0.95 元/kWh。若以锂电池储能电站 0.5 元/kWh 的单次充放电成本，仅从调峰单价看储能参与部分地区调峰辅助服务已具备一定经济性，但考虑到系统调峰需求存在明显的季节性差异，储能实际能够参与调峰的频次取决于系统需求，较高的调用不确定性增大了储能电站的投资风险。

调频方面，山西、广东等省于 2018 年进行了 AGC 辅助服务的竞价市场改革，调频收益直接取决于调频执行效果（性能）和调频的贡献量（里程），但调频收益的具体计算方式仍在不断完善过程中，而具有较高调节质量的储能显然对价格政策的变化较为敏感。此外，储能参与辅助服务仍存在一定技术门槛，如东北地区、新疆维吾尔自治区、福建省、甘肃省部分地区对于参与调峰交易的电储能设施提出了 10MW/40MWh 的最小充电规模要求；华北第三方独立主体调节容量不小于 2.5MWh、充放电功率不小于 5MW；江苏充放电功率 10MW、2h 以上的储能电站可以直接注册调频市场成员。综合能源服务商汇集单站容量

5MW，总容量 10MW、2h 以上的可以注册市场成员。与之相比，美国 PJM 市场准入门槛仅为 0.1MW，且将调频服务分为响应较慢的传统调频（A）信号和快速响应的动态调频（D）信号，调频资源可以根据其调频资源的性能和商业策略选择响应不同类型的性能。随着我国可再生能源渗透率的不断提升，电力辅助服务需求也将相应增加，与之相匹配的高时空颗粒度电力现货市场环境对储能而言也至关重要。

3.4.2 储能参与辅助服务成本分摊问题

我国现行电力辅助服务补偿机制本质上是发电企业电能量收益的二次分配。尽管近年来部分地区的电力辅助服务市场建设过程中逐步将辅助服务主体从火力发电机组扩展至新能源发电机组、电力用户、储能及独立辅助服务提供商，但辅助服务费用的分摊仍在发电侧，相关成本实际上还是由发电企业通过上网电价内部消化，其中提供辅助服务的传统火力发电企业既出钱又出功率，补贴退坡压力下的新能源企业面对高额分摊费用捉襟见肘，现行辅助服务成本的疏导方式已不适应发展需要。特别是自 2015 年新一轮电改启动后，上网电价逐步放开，发用电双方协商形成的电价主要对电能量价格进行博弈，辅助服务成本已逐渐与上网电价剥离，辅助服务资金入不敷出的问题愈发明显，难以对储能等新型灵活性资源形成有效激励。

考虑到新能源发电规模不断提升加大辅助服务需求，未来发电企业承担辅助服务成本的压力还将持续提升，将电力用户纳入分摊机制已是势在必行。用户侧参与辅助服务成本分摊可填补辅助服务资金不足的缺口，更多用户侧灵活性资源纳入辅助服务市场也可增大灵活性资源供给，降低上游发电企业灵活性改造成本。

3.4.3 辅助服务市场监管方式

《输配电定价成本监审办法》（发改价格规〔2019〕897 号）明确储能设施不得纳入输配电价，突出反映了当前储能实现多元价值面临的困境。作为具有自然垄断特性的公共事业公司，电网企业往往被认为应聚焦输配电主营业务，而非参与竞争性市场。电网企业投资和运行储能资产可能破坏电力市场公平竞争环境。但也需要看到，作为快速成熟的电力系统灵活性调节技术，储能对传统输配电设施的替代效应日益明显，合理配置储能设施可降低电网综合投资成本，简单地将储能排除在电网投资选项外，并不利于降低电力系统综合供电成本。

　　目前，社会资本难以通过价格信号参与电网侧储能的投资和运行，电网企业在现阶段作为电网侧储能价值发现者的作用难以替代。储能监管的复杂之处在于其应用场景繁多、应用功能多样，且贯穿于发电、输配电、用电各环节，部分应用的价值可从市场中得以体现（如调峰、调频），而部分应用功能短期内还需通过价格监审传导成本（如输配电服务）。

　　因此，应基于储能在不同时间、不同地点所提供的特定服务对其进行管理，而非在资产属性层面实行"一刀切"。如若安装储能有助于降低或延缓电网线路投资或体现安全应急价值，应允许电网企业自主投资或采购第三方储能服务的资产和成本纳入输配电价核定体系；与此同时，应对输配电线路的利用率进行考核，提高输配电线路利用率的储能，也理应得到相应的经济补偿。不论是电力系统调峰还是可再生能源消纳，单一的能量型应用都难以补偿电化学储能的充放电成本，多元应用价值的叠加是相当一段时期内储能实现商业化运行的必然选择。

　　此外，在储能充放电定价过程中应对储能实际转移电量与效率损失电量加以区分，对效率损失部分电量视为终端电力消费；对于储能放电电量，若放电对象为一般电力用户，则仍应视为终端电力消费，若放电对象为电网企业，则应减免相关税收、基金及电价附加。

3.5　共享储能服务商业模式

　　商业模式的核心要素是顾客、价值和利润，共享储能商业模式设计必须回答以下几个问题：一是共享储能运营商服务的顾客在哪里；二是共享储能运营商能为顾客提供怎样独特的价值和服务；三是共享储能运营商如何以合理的价格为顾客提供这些价值，并从中获得企业合理的利润。

　　结合本章的研究，首先，将电力系统中的工商业用户、新能源企业等多市场主体作为共享储能运营商服务的顾客。其次，明确针对每个顾客设计共享储能为其提供的价值和服务，例如对工商业用户提供购电优化服务，帮助用户降低用电成本，提高用户在年度交易、月度交易、月内交易和现货交易等多市场中的决策能力；对新能源企业提供弃电曲线追踪服务，减少新能源企业因消纳受限而以弃电价格上网的电量比例；对多市场主体提供偏差互保服务，降低多市场主体在电力市场中的购售电交易合约偏差风险。共享储能服务商业模式如图 3-10 所示。

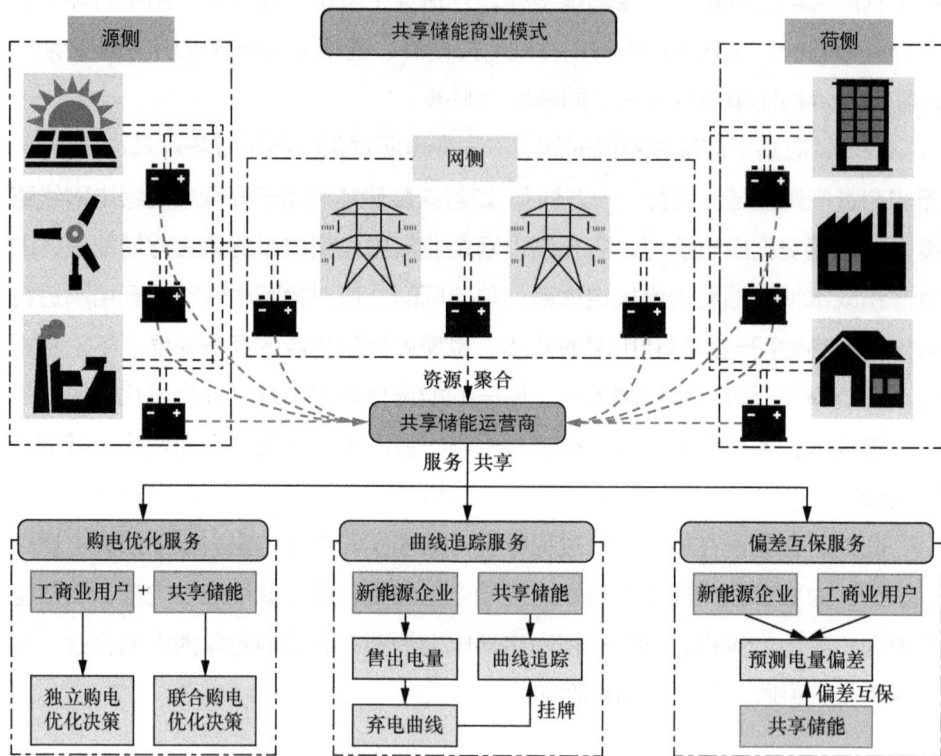

图 3-10 共享储能服务商业模式

从共享储能运营商视角来看，商业模式设计还需对服务过程进行详细设计。通过对比三种服务模式的流程，需要预测和决策两个过程。购电优化服务中需要对工商业用户参与多市场购电的量价进行预测，进而考虑共享储能进行多市场购电优化决策；曲线追踪服务中需要对新能源弃电曲线进行预测，进而考虑共享储能进行弃电曲线追踪优化决策；偏差互保服务中需要对多市场主体的预测偏差进行估计，进而对共享储能服务优化与定价进行决策。计及"预测—决策"过程的共享储能服务模式见表 3-2。

表 3-2　　　　计及"预测—决策"过程的共享储能服务模式

储能服务模式	服务对象	预测	决策
购电优化服务	工商业用户	工商业用户电量预测 多市场购电电价预测	电力用户购电优化决策 联合储能购电优化决策

续表

储能服务模式	服务对象	预测	决策
曲线追踪服务	新能源企业	发电功率预测 弃电曲线预测	弃电曲线交易出清 储能追踪弃电曲线
偏差互保服务	多市场主体	个体预测偏差密度 群体偏差概率分布	共享储能优化决策 共享储能服务定价

3.5.1 荷侧工商业用户联合共享储能的购电优化服务

共享储能购电优化服务的对象是参与电力市场购电的广大工商业用户。工商业用户在购电时需要考虑自身用电需求,以某日为例,用户需要在年度交易、月度交易、月内交易和现货交易中购买到所需的电能。由于市场供需形势的变化,不同市场价格会根据各个市场主体的交易行为形成,在工作时间多数用户都需要用电,此时电力需求旺盛,供需紧张,则市场价格较高,用户用电成本自然升高,因此用户需要调整用电行为以避免高电价时段进行用电。工商业用户购电曲线如图 3-11 所示。

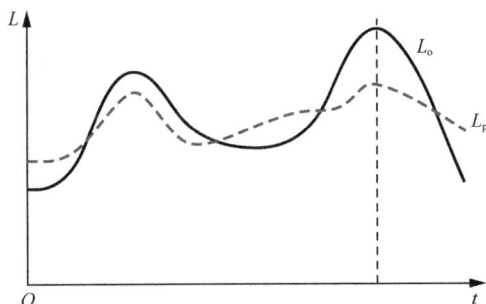

图 3-11 工商业用户购电曲线

共享储能购电优化服务的价值是帮助电力用户在不改变用电行为、不影响生产经营活动的前提下实现用电曲线的优化,降低购电成本。共享储能在电价低谷时段进行充电,以较低的价格储存电能,在电价高峰时段放电为电力用户提供电能,在不影响总体用电量的前提下,减少电力用户的购电费用。

共享储能运营商为电力用户提供购电优化服务,电力用户则应支付相应的服务费用。从电力用户角度看,需要在高购电费用和支付共享储能服务费用之间进行决策;从共享储能运营商角度看,需要在收取服务费与建设储能成本之间进行决策。将两者衔接在一起的则是共享储能运营商向电力用户收取的购电优化服务费用,共享储能购电优化服务模式可行的必备条件是电力用户、共享储能运营商两者的收益期望都能够满足。

3.5.2 源侧新能源企业联合共享储能的曲线追踪服务

共享储能曲线追踪服务的对象是参与电力市场售电的新能源企业。由于风光互补发电系统等新能源具有不可控性，其发电功率直接受到风力、光照和湿度等自然环境的影响，无法按照用电的需求进行实时调整。在新能源接入比例较低时可利用火力发电等传统机组进行调节，保证电力系统供需的实时平衡，但随着新能源高比例接入电力系统，新能源消纳受到限制，但受到国家强制消纳的政策要求，新能源实际发电中很少出现弃电，但超出新能源保障性收购的电量，由电网企业按照弃电价格进行收购，影响了新能源企业的售电收益。

共享储能弃电曲线追踪服务的价值是帮助新能源企业减少以弃电价格收购的电量，通过组织共享储能与新能源企业之间的弃电曲线追踪交易，由新能源主动参与市场售出这部分电量，争取到比弃电价格高的市场交易电价，进而提高新能源企业的收益。共享储能运营商则以较低的价格将弃电电量储存起来，在现货市场价格较高时段售出电量。光伏电站发电曲线如图 3-12 所示。

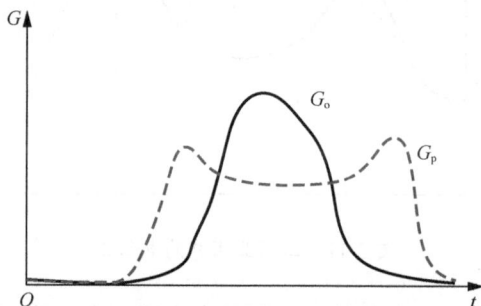

图 3-12　光伏电站发电曲线

共享储能与新能源企业弃电曲线追踪交易的方式可采取挂牌、双边和集中竞价等方式，交易周期可以是在执行日前一天或几日进行。

3.5.3 多市场交易主体联合共享储能的偏差互保服务

共享储能偏差互保服务的对象是多市场主体，无论是新能源企业，还是工商业用户，由于预测电量不可能与实际电量完全一致，不可避免地产生交付期电量与交易合约电量之间产生偏差。共享储能偏差互保服务流程如图 3-13 所示。

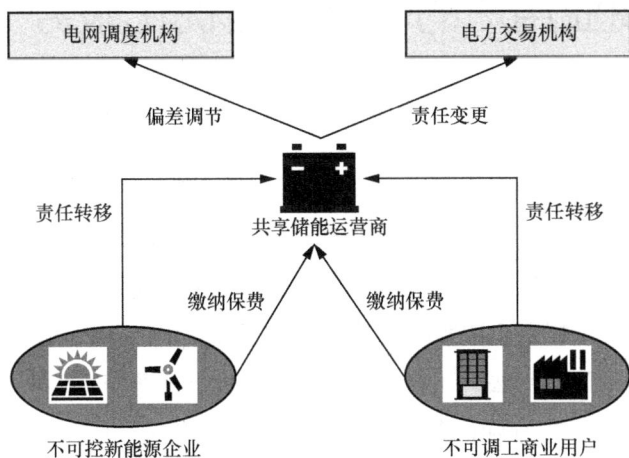

图 3-13　共享储能偏差互保服务流程

共享储能偏差互保服务的价值是帮助多市场主体避免偏差。从市场主体角度来看，不同市场主体预测精度不同，可能出现的偏差电量也不同，在支付偏差互保服务费用与承担市场偏差考核之间需要进行合理决策；从共享储能的角度看，共享储能运营商为市场主体提供了偏差互保服务，则需要代替市场主体承担偏差考核责任，因此需要在收取互保服务费与建设储能成本间进行决策。

◆第 4 章

面向工商业用户的储能购电优化服务

　　工商业用户在参与电能量市场时，由于自身用电负荷高峰与高电价时段重叠导致工商业用户用电成本较高，用户参与多市场购电优化决策难度大等问题。本章通过分析电力市场环境下工商业用户参与年度交易、月度交易、月内交易和现货交易等多市场购电决策的条件，归纳工商业用户在参与多市场购电时所需的电量、电价预测方法，建立工商业用户独立参与多市场购电和考虑共享储能的工商业用户多市场购电的优化模型，为共享储能提供购电优化服务及其优化运行策略提供技术支撑。

◆ 4.1　工商业用户参与多市场购电分析 ◆

4.1.1　工商业用户参与多市场的交易类型

　　随着我国电力市场的不断完善，电能量市场作为以某一时间周期的电能为商品进行交易的市场，逐渐形成了包含中长期电能量市场和现货电能量市场的基本市场体系，其中，中长期市场包括年度（多年）、月度（多月）和月内（旬、周、日）等，现货市场包括日前和日内等。在从年直至实时运行前数小时的时间范围内，市场主体均可以开展电能量交易，市场主体提交交易申报的最迟时间被称为市场"关闸"时间，根据市场建设阶段的不同，市场"关闸"时间通常是在实时运行前 1 小时或数小时。电能量市场交易时序如图 4-1 所示。

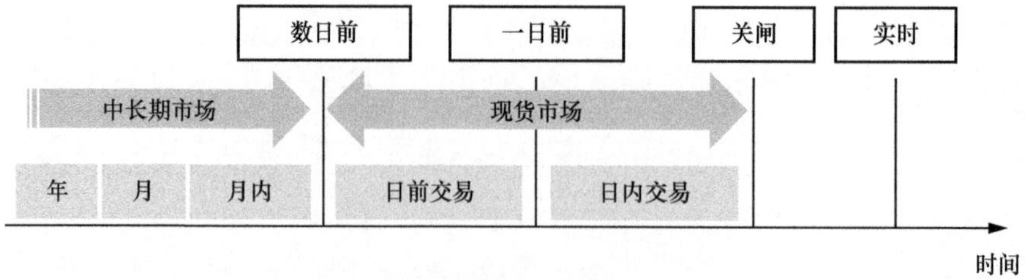

图 4-1　电能量市场交易时序

　　2021 年 10 月 11 日，国家发展改革委发布《关于进一步深化燃煤发电上网电价市场化改革的通知》（发改价格〔2021〕1439 号），指出取消工商业目录销售电价，推动工商业用户全部进入市场。工商业用户为满足自身生产生活用电需要到电能量市场中进行购电。为推进电能量中长期市场与现货市场的融合，国内学者和电力交易机构人士设计了基于分时段交易合约的电力中长期市场连续运营方案，年、月、月内不同时间尺度的中长期交易，均以分时段交易合约进行交易组织。在市场初期阶段，开展中长期分时段交易的省份为了适应部分电力用户电量计量频度和预测精度的不足，参考各省原执行的峰谷电价政策将交易时段划分为"峰、平、谷"3 个时段或"峰、平、谷、尖"4 个时段。随着市场建设的推进，为使得电力中长期交易进一步反映电力实时供需，部分省份将交易时段按照自然小时或半小时划分为 24 个时段或 48 个时段。电力中长期交易时段划分方式如图 4-2 所示。

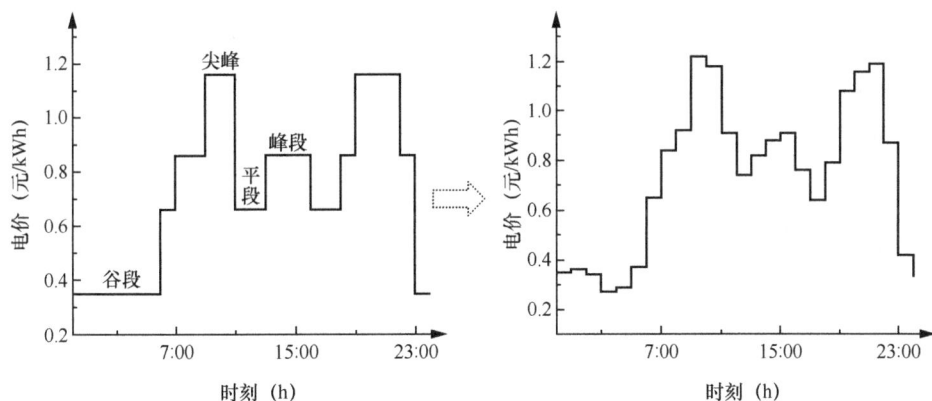

图 4-2　电力中长期交易时段划分方式

工商业用户在参与中长期交易时则按照年度分时段、月度分时段、月内日滚动分时段交易进行购电。其中，年度交易时序为前一年的 12 月，交易方式以双边协商为主，交易标的为次年每月 24 个时段的电量；月度交易时序为前一月中旬，交易方式以集中竞价为主，交易标的为次月每日 24 个时段的预测增用电量；月内交易时序为连续开市持续至前两天，交易方式以滚动撮合为主，交易标的为用电日 24h 的预测增用电量。现货交易时序包括日前和日内，现货交易的标的为全电量，在结算时按照电量、电价偏差进行结算。工商业用户参与市场交易电量组成与示意图见表 4-1。

表 4-1　　　　　工商业用户参与市场交易电量组成与示意图

交易品种	年度交易	月度交易	月内日滚动交易	现货交易
交易时序	前一年 12 月	前一月中旬	$D-2$	$D-1$
交易方式	双边协商为主	集中竞价为主	滚动撮合交易	日前集中竞价
交易标的	次年每月 24h	次月每日 24h 增量	D 日 24h 增量	次日 96 点差量
示意图				

工商业用户在参与现货市场时按照日前市场和实时市场进行购电。目前由于部分用户不具备独立预测和参与市场的能力，工商业用户仅参与日前市场，通过在电力市场交易系统中申报其运行日的 96 点用电量需求曲线，作为日前电能量市场出清的边界条件，纳入日前电能量市场出清计算。

4.1.2　工商业用户参与多市场的结算机制

工商业用户参与中长期和现货市场的结算采取"双偏差"的方式，即中长期合约电量按照年度、月度、月内的购电价格进行结算，中长期与日前现货申报的偏差（日前现货合约电量）按照日前现货的价格进行结算，日前现货与实际用电量的偏差按照日内现货价格进行结算。工商业用户参与多市场的结算机制如图 4-3 所示。

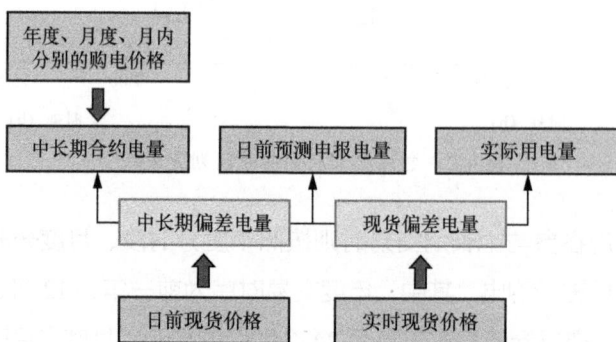

图 4-3　工商业用户参与多市场的结算机制

（1）工商业用户参与中长期市场的结算机制。工商业用户在参与电力中长期分时段交易时按照交易标的进行量价申报，申报的量价具有月、日、时标签。

$$B_{i,j,t} = \{P_{i,j,t}, Q_{i,j,t}\} \tag{4-1}$$

式中：B 为市场主体参与中长期分时段交易的申报信息；P 为市场主体的申报

价格；Q 为市场主体的申报电量；i 为某月，$i=1,2,\cdots,12$；j 为某日；$j=1,2,\cdots,31$；t 为某个时段，$t=1,2,\cdots,24$。

　　年度交易组织按照双边协商、集中竞价和挂牌交易三种方式开展，实际执行中各省根据市场运营实际、市场主体需要等情况灵活组织。年度交易组织在前一年 12 月进行组织，交易的标的为下一年的用电量，年度交易的组织方式可采取双边协商和集中竞价等方式，年度交易组织过程首先由交易组织机构发布交易信息，发电企业、电力用户和售电公司等市场主体按照交易公告信息参与市场交易，发用电双方在交易完成后签订年度交易合同，年度交易合同签订后需要根据市场情况进行月度分解和时段分解，具体的分解方式可以由交易机构给定或市场主体自行决定。在年度交易合同执行时与月度和月内交易衔接。

　　月度交易组织一般采取集中竞价的方式开展，月度交易组织时序为当月的下旬组织次月的电量交易。月度交易组织为市场主体提供了调整年度交易合同的窗口，市场主体可以根据月度发用电情况适时调整年度合约。

　　月内交易以双边协商或挂牌交易的方式，开展月内用电侧市场化合约电量转让交易、发电侧市场化合约电量转让交易，由合约某一方发起合约分月电量/分日电量调整时，调整后的分月电量/分日电量形成带分时电量的交易合约。月内日交易按日滚动组织，交易标的为 $T+2$ 日至 $T+4$ 日每个时段的电量，每日每个时段的电量单独进行交易。购电方中长期合约曲线与日前预测曲线如图4-4所示。

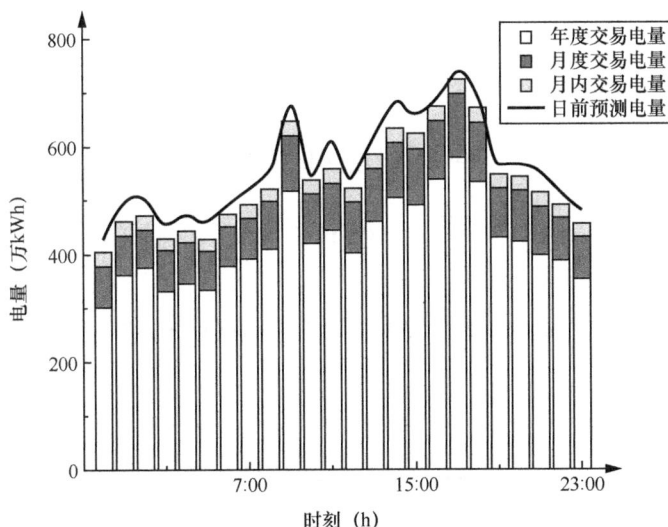

图 4-4　购电方中长期合约曲线与日前预测曲线

电力中长期交易与现货市场的衔接是电能量市场建设需考虑的重要因素之一。在"现货全电量集中交易"的模式下中长期交易结果不作为调度执行依据。在日前市场申报前，各市场主体的日结算电量须分解为交割日的分时电量结算曲线。一般的市场主体在中长期市场成交的总合约曲线与日前发用电预测曲线之间会存在偏差。根据市场规则偏差部分需进行考核，为了避免考核市场主体中的不可控新能源企业和电力用户负荷等需要通过提高实际发用电量的预测精度、建设储能设施或者购买调节能力来避免考核。

交易机构在中长期分时段交易结束后，将各市场主体成交结果每小时的电量均分至该小时的 4 个 15 分钟时段，形成 96 点中长期合同电量曲线，根据中长期合同电量曲线，按照合约约定价格进行结算。日前现货市场结算时发电企业采用机组所在节点电价，日前市场根据日前市场出清电量与中长期合约分解电量的偏差电量，按照日前市场节点电价进行结算；批发市场用户采用统一结算点电价，日前申报电量与中长期合约分解电量的偏差电量，按照日前市场分时统一结算点电价进行结算。

根据用户分解至 t 时段的中长期合约电量与日前现货申报电量计算中长期市场偏差电量，具体计算公式如下：

$$\Delta Q_{i,j,t}^{\text{med}} = Q_{i,j,t}^{\text{rec}} - Q_{i,j,t}^{\text{med}} \tag{4-2}$$

式中：$Q_{i,j,t}^{\text{rec}}$ 为日前现货申报电量；$Q_{i,j,t}^{\text{med}}$ 为中长期合约分解电量；$\Delta Q_{i,j,t}^{\text{med}}$ 为中长期合约电量与日前现货申报电量的偏差电量。

中长期偏差电量的考核费用计算公式如下：

$$\Delta C_{i,j}^{\text{med}} = \sum_{i=1}^{96} \left[\Delta Q_{i,j,t}^{\text{med}} \times P_{i,j,t}^{\text{rec}} \right] \tag{4-3}$$

式中：$P_{i,j,t}^{\text{rec}}$ 为日前现货出清价格，元/MWh；$\Delta C_{i,j}^{\text{med}}$ 为中长期偏差电量的考核费用，元。

按照中长期合约电量电费"照付不议"的原则，偏差电量的机会成本计算公式如下：

$$\widehat{C}_{i,j}^{\text{med}} = \sum_{i=1}^{96} \left[\left(Q_{i,j,t}^{\text{rec}} - Q_{i,j,t}^{\text{med}} \right) \times \left(P_{i,j,t}^{\text{rec}} - P_{i,j,t}^{\text{med}} \right) \right] \tag{4-4}$$

式中：$P_{i,j,t}^{\text{med}}$ 为中长期合约加权均价；$\widehat{C}_{i,j}^{\text{med}}$ 为中长期偏差电量的机会成本。

（2）工商业用户参与现货市场的结算机制。电力现货市场是以市场竞争方式形成反映成本与供需的分时电价和节点电价，保障电力平衡、促进清洁能源消纳的主要手段。从时间维度，现货市场可以分为日前市场和日内市场。由于实际需要交割的发用电量与中长期合约的交易合约头寸存在偏差，此时市场主体可以通过日前和日内市场调整交易合约，这类短期市场作为中长期市场的补充，其价格形成机制对中长期市场价格具有重要的参考意义。随着可再生能源渗透率的提高，短期市场还有另一个重要任务是激发合理有效的技术容量投资，鼓励有调节能力的市场主体释放其灵活性。

日前市场是在电能量交割前一天进行的决定运行日机组组合状态和发电功率计划的电能量交易，市场主体申报次日各时段发电或购电的量价信息，采取竞价的原则集中出清，交易时段的时长一般选择原有调度发电计划安排周期，国内现货试点省份多以 15min 为一个交易时段，部分试点也选择 5min 或 1h 等为一个交易时段。日前市场的定价机制主要有系统边际电价、分区边际电价和节点边际电价等。

日内市场是在运行日进行的决定未来 15～60min 最终调度机组发电功率计划的电能量交易市场。实时现货市场在日前电能量市场出清的基础上，依据日内超短期负荷预测、新能源功率预测申报等边界条件变化，按照规则形成实时发电计划与实时节点电价。市场主体在日内市场中既可以买电、也可以卖电，市场主体申报实际交割前的各时段买电或卖电的量和价，通常采取先到先得、价格优先的原则进行滚动连续出清，为市场主体调整实际交割的电力合约提供灵活市场窗口。当前国内现货试点省份在日内市场的实践尚未开展，本章以日前市场结束为市场"关闸"时间。

日前与实时市场出清时需考虑安全约束机组组合和安全约束经济调度。安全约束机组组合是在满足电力系统安全性约束的条件下，以社会福利最大化或系统发电成本最小化等为优化目标，计算分时段的机组开停机计划。安全约束经济调度是在满足电力系统安全性约束的条件下，以社会福利最大化或系统发电成本最小化等为优化目标，计算分时段的机组发电功率计划。

实时市场根据实际上网电量与日前市场出清电量的偏差电量，按照实时市场节点电价进行结算；批发市场用户实际用电量与日前申报电量的偏差电量，按照实时市场分时统一结算点电价进行结算。

根据实际分时电量与日前市场申报分时电量之间的差额计算现货市场偏差电量，具体计算公式如下：

$$\Delta Q_{i,j,t}^{\text{spot}} = Q_{i,j,t}^{\text{real}} - Q_{i,j,t}^{\text{rec}} \qquad (4\text{-}5)$$

式中：$Q_{i,j,t}^{\text{rec}}$ 为日前现货申报电量；$Q_{i,j,t}^{\text{real}}$ 为实际分时电量；$\Delta Q_{i,j,t}^{\text{spot}}$ 为实际分时电量与日前现货申报电量的偏差电量，MWh。

现货偏差电量的考核费用计算公式如下：

$$\Delta C_{i,j}^{\text{spot}} = \sum_{i=1}^{96}\left[\Delta Q_{i,j,t}^{\text{spot}} \times P_{i,j,t}^{\text{real}}\right] \qquad (4\text{-}6)$$

式中：$P_{i,j,t}^{\text{real}}$ 为实时市场出清价格；$\Delta C_{i,j}^{\text{spot}}$ 为现货的偏差电量的考核费用。

按照现货市场"全电力优化"模式，偏差电量的机会成本计算公式如下：

$$\widehat{C}_{i,j}^{\text{spot}} = \sum_{i=1}^{96}\left[\left(Q_{i,j,t}^{\text{real}} - Q_{i,j,t}^{\text{rec}}\right) \times \left(P_{i,j,t}^{\text{real}} - P_{i,j,t}^{\text{rec}}\right)\right] \qquad (4\text{-}7)$$

式中：$P_{i,j,t}^{\text{rec}}$ 为日前市场出清价格，元/MWh；$\widehat{C}_{i,j}^{\text{spot}}$ 为现货偏差电量的机会成本，元。

4.2 工商业用户参与多市场购电的量价预测

4.2.1 工商业用户参与多市场购电的电量预测

传统电力需求的预测是电力系统制定生产、营销决策的重要基础，也是满足电力供需平衡的重要保障，为电网、电源的规划建设及电网企业、电网使用者的经营决策提供了重要的信息和依据。以往的研究中，从时间周期跨度来看，电力负荷预测可分为长期负荷预测、中期负荷预测、短期负荷预测和超短期负荷预测。电力系统规划部门根据预测的长期电力负荷进行电网、电源的规划建设等，电力系统调度机构根据预测的中期负荷安排月调度和发电机组的检修计划等，根据预测的短期电力负荷进行发电机组组合和计划的分配等，根据预测的超短期负荷预测制定电网实时计划和系统故障分析等。研究表明，传统预测方法对样本量要求较高，对不确定性因素和异常数据不敏感。

工商业用户参与多市场购电时需要分别进行年度电量预测、月度电量预测、月内电量预测和日前电量预测。其中，年度预测是在前一年12月预测交易年各月 24 个时段的电量；月度预测是在前一月中旬预测交易月 24 个时段的电量；月内预测是在当月持续至前两天预测交易日 24 个时段的电量；日前预测是在前一日预测用电日 96 个时段的电量。考虑到工商业用户参与市场时间较短，用户对电量预测积累不足，样本数据较少，本章选取了适用于小样本数据的支持向量机预测法，并基于自适应差分算法进行了改进。具体方法如下：

1. 初始化支持向量机参数

首先，通过适当的非线性变换将输入空间转化为多维特征空间；然后，找到线性回归最优超平面等式来解决编程问题，寻求全局最优解。

假设样本集为 $\{(x_1,y_1,),(x_2,y_2),\cdots,\{(x_l,y_l,)\} \in (x \times y)^l, x_i \in x \subset R^n$，其中 $y_i \in y \subset R$ 和 $y_i \in y \subset R$ 分别为输入和输出值。输入变量为影响因素，输出变量为预测电量。如果样本集满足线性关系，则进行以下操作优化：

$$\min \frac{1}{2}||\omega||^2 + C\sum_i^l(\zeta_i + \zeta_i^*)$$
$$\text{s.t.}(\omega \bullet x_i) + b - y_i \leqslant \zeta_i^* + \varepsilon, i = 1,2,\cdots,l \qquad (4\text{-}8)$$
$$y - (\omega \bullet x_i) - b \leqslant \zeta_i + \varepsilon, i = 1,2,\cdots,l$$
$$\zeta_i, \zeta_i^* \geqslant 0, i = 1,2,\cdots,l$$

式中：ω、b、C 和 ε 分别为用于调整误差项和松弛变量造成的惩罚的权重系数、阈值和正则化参数。当样本集不满足线性回归时，原始数据通过非线性映射 $\varphi(x)$ 被投射到高维特征空间。对高维特征空间的核心函数进行如下内积运算：$k(x_i,x_j) = \varphi(x_i) \bullet \varphi(x_j)$。

采用高斯径向基核将核心函数运算应用于原始低维空间，约束表达式如下：

$$\min \frac{1}{2}\sum_{i,j=1}^l (a_i^* - a_i)(a_j^* - a_j)K(x_i,x_j) + \varepsilon\sum_{i=1}^l(a_i^* + a_i) - \sum_{i=1}^l y_i(a_i^* - a_i)$$
$$\text{s.t.}\sum_i^l(a_i - a_i^*) = 0 \qquad (4\text{-}9)$$
$$0 \leqslant a_i \leqslant C; 0 \leqslant a_i^* \leqslant C$$

现在我们得到了最优解：$\bar{a} = (\bar{a}_1, \bar{a}_1^*, \cdots, \bar{a}_l, \bar{a}_l^*)^T$。

计算：

$$\bar{b} = y_j - \sum_{i=1}^l (\bar{a}_i^* - \bar{a}_i)^* K(x_i,x_j) + \varepsilon \qquad (4\text{-}10)$$

回归决策函数为：

$$f(x) = \sum_{i=1}^{l} (\overline{a}_i^* - \overline{a}) K(x_i \bullet x) + \overline{b} \qquad (4\text{-}11)$$

式中：a 为拉格朗日乘法数。

为了减少支持向量机非线性变换过程中维数对计算复杂度的影响，采用核函数代替一系列复杂的计算进行内积。

（1）多项式核函数。

$$k(x_i, x) = [(x_i \bullet x) + 1]^q \qquad (4\text{-}12)$$

利用式（4-12）构造向量机的 q 阶多项式分类器。

（2）径向基核函数。

$$k(x, y) = \exp(-\frac{\|x - y\|^2}{2g^2}) \qquad (4\text{-}13)$$

式中：g 是影响向量机分类的核函数的参数。

（3）双曲切线核函数。

$$k(x_i, x) = \tanh\left[a(x_i \bullet x) + b\right] \qquad (4\text{-}14)$$

惩罚因子（c）和核函数参数（g）表示经验风险和结构风险，分别对应于样本的拟合能力和预测能力，该方式优于神经网络避免数据陷入局部最优。

2. 初始化自适应差分进化算法参数

首先，在样本中任意选取两个进行向量差计算；其次，选择第三个体与向量差进行实验，计算实验体；然后对样本及对应的实验体做交叉生成后台实验体；最后在样本和实验体之间选择符合条件的个体保存下来，重复上述步骤，在全部计算后选取合适的参数。标准自适应差分进化算法包括以下四个步骤：

（1）采用实数编码法，初始化自适应差分进化算法参数，包括种群大小（N）、基因维度（D）、变异因子（F）、交叉率（CR）和每个基因的变异范围（$[U_{\min}, U_{\max}]$）。然后，按照公式（4-15）对种群进行随机初始化：

$$x_{ij} = U_{\min} + rand \times (U_{\max} - U_{\min}) \qquad (4\text{-}15)$$

其中，$i = 1, 2, \cdots, N$，$j = 1, 2, \cdots, D$，$rand$ 表示一个均匀分布的随机数。

（2）对于每个目标向量 r x_i^G，$i = 1, 2, \cdots, N$，根据公式（4-16）生成一个相应

的变化向量：

$$v_i^{G+1} = x_{r_1}^G + F \times (x_{r_2}^G - x_{r_3}^G) \qquad （4-16）$$

式中： r_1, r_2 和 r_3 为随机选择的不相等的个体序列号。考虑到目标个体的数量（ i ），可以推断出种群的大小 $N \geqslant 4$ 。

（3）验证交叉操作产生的实验个体符合公式（4-17）的要求。

$$u_{ij}^{G+1} = \begin{cases} v_{ij}^{G+1}, if : r(j) \leqslant CR; \text{or}, j = rn(i) \\ x_{ij}^G, \qquad\qquad \text{else} \end{cases} \qquad （4-17）$$

式中： $r(j)$ ， j 和 CR 分别为[0,1]范围内的一个均匀分布的随机数，基因数和[0,1]范围内的交叉率。需要说明的是，交叉率通常由用户设定。此外， $rn(i) \in [1, 2, \cdots, D]$ 是随机选择的基因维度的指数，以确保从突变个体中至少获得一个实验个体的一维变量。公式（4-17）表明，随着交叉率的减弱，全局搜索性能也会增加。

（4）采用"贪婪"搜索策略，选择每个目标个体（ x_i^G ）与相应的个体（ u_i^{G+1} ）进行竞争。对适应性数值进行比较，当实验个体（ u_i^{G+1} ）的适应性数值优于目标个体（ x_i^G ）的适应性数值时， u_i^{G+1} 被选为子代个体。否则， x_i^G 被选为子代个体。最小化优化的选择操作如公式（4-18）所示，其中 $f(.)$ 表示一个适应性函数，如成本函数或误差预测函数。

$$x_i^{G+1} = \begin{cases} u_i^{G+1}, if : f(u_i^{G+1}) < f(x_i^G) \\ x_i^G, \qquad\qquad \text{else} \end{cases} \qquad （4-18）$$

（5）引入变异因子和交叉概率对参数选择进行突变处理。自适应变异因子（ F ）决定了差分向量的规模，随着变异因子的增加，差分进化算法的搜索效率和诱导的全局搜索结果的准确性会下降。然而，如果变得太小，种群的多样性就会减少，算法产生不成熟的结果。因此，本章引入自适应变异因子，见公式（4-19）。为了保证种群的多样性，该算法的初始变异因子很大。然而，随着迭代次数的增加，变异因子逐渐减小。保证优质个体的筛选。

$$F = F_{\min} + (F_{\max} - F_{\min}) \times e^{1 - \frac{G_{enM}}{G_{enM} - G + 1}} \qquad （4-19）$$

式中： $F_{\min}$ 为最小变化系数； $F_{\max}$ 为最大变化系数； G_{enM} 为最大迭代次数； G 为当前迭代次数。

随着迭代次数的增加，自适应交叉因子的交叉率也在动态变化。最初的大交叉系数保证了变化的全局范围，而后来的小交叉率则宣告了局部收敛。自适应交叉因子的设计在公式（4-20）中提出：

$$CR = CR_{max} - \frac{G(CR_{max} - CR_{min})}{G_{enM}}$$ （4-20）

式中：CR_{min} 和 CR_{max} 分别为交叉参数的最小值和最大值。

电量预测方法流程图如图 4-5 所示。

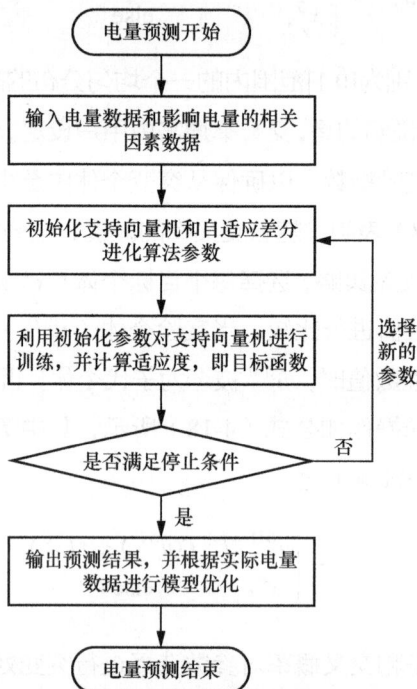

图 4-5　电量预测方法流程图

3. 基于自适应差分进化算法的支持向量机适应度计算

首先，设置预优化支持向量机的惩罚参数和核心函数；然后，进行支持向量机的训练过程，在自适应差分进化算法中，每次迭代都会得到 c 和 g 的最优值，在这个参数下支持向量机的输出值为 k；最后，将目标 $\hat{y_t}$ 的均方和误差与输出值 k 的比值作为总体的自适应函数，见式（4-21）。

$$f_i = \frac{\sum_{t=1}^{k}(\hat{y_t} - y_t)^2}{k}$$ （4-21）

4. 判断是否满足停止条件

判断适应度是否满足停止条件，不满足则进行参数调整，满足则输出预测结果，并根据实际电量数据进行模型优化。

4.2.2　工商业用户参与多市场购电的电价预测

工商业用户参与多市场购电时需要对年度交易分时段价格、月度交易分时段价格、月内交易分时段价格和日前现货 96 点出清价格进行预测。影响市场价格的因素包括电价政策、市场竞争和自然环境等诸多因素，且各因素与电价的影响机理复杂。本章通过对比电价分析的相关文献，遴选了部分因素，并利用以下方法对不同交易周期的电价进行了预测。

（1）遴选影响电价的相关因素。选取影响电价的相关因素存在较大的主观性，多是根据从业人员的经验进行选择。本章在相关文献和实践调研基础上，从电力供需、相关市场、经济形势、自然环境和其他因素等方面选取了 16 个影响电价的相关因素，见表 4-2。

表 4-2　　　　　　　　　本章选取的影响电价的相关因素

序号	因素类型	相关因素	说明/单位
1	电力供需	最大负荷	万 kW
2		本地装机容量	万 kW
3		新能源发电占比	新能源发电/预测用电量
4	相关市场	煤价	鄂尔多斯动力煤价格指数
5		风力发电平准化成本	元/kWh
6		光伏发电平准化成本	元/kWh
7		绿证价格	元/MWh
8		碳市场价格	元/t
9	经济形势	居民消费价格指数	随着时间变动的相对数
10		财经指数	上证指数
11	自然环境	最高气温	℃
12		最低气温	℃
13		日照时长	h
14		风速	m/s
15	其他因素	日期类型	工作日、节假日
16		社会公共事件	冬奥会、全国两会、防疫

（2）计算各因素与不同交易周期电价的肯德尔协同系数。肯德尔协同系数是表示多列等级变量相关程度的一种方法，主要有两种计算方式，一种针对评

价不存在相同等级，另一种针对评价存在相同等级。

针对不存在相同评价等级的 W 计算公式如下：

$$W = \frac{12\sum R_i^2}{K^2 N(N^2-1)} - \frac{3(N+1)}{N-1} \tag{4-22}$$

式中，R_i 为评价对象获得的 K 个等级之和；N 为被等级评定的对象的数目；K 代表等级评定者的数目。

针对存在相同评价等级的 W 计算公式如下：

$$W = \frac{\sum R_i^2 - \frac{\left(\sum R_i\right)^2}{N}}{\frac{1}{12}K^2(N^3-N) - K\sum\frac{n^3-n}{12}} \tag{4-23}$$

式中：n 为相同等级的数目。

（3）计算历史类似日与预测日的相似度。欧几里得距离相似度计算方法是给定两条时间序列 $A=\left(a_1, a_2, \cdots, a_n\right)$ 和 $B=\left(b_1, b_2, \cdots, b_n\right)$，采用闵克夫斯基距离计算公式如下：

$$D_r\left(A, B\right) = \sqrt[r]{\sum_{t=1}^{n}\left(a_t - b_t\right)^r} \tag{4-24}$$

式中：r 为距离系数；n 为维度数量。

当 $r=1$ 时，计算序列 A 和 B 的曼哈顿距离；当 $r=2$ 时，计算序列 A 和 B 的欧几里得距离；当 $r=\infty$ 时，$D_{\infty}\left(A, B\right) = \max_t\left|a_t - b_t\right|$ 计算序列 A 和 B 的切比雪夫距离。

将历史类似日特征和预测日特征表示为时间序列，历史类似日特征表示为 $P_R=\left(p_{R1}, p_{R2}, \cdots, p_{Rn}\right)$，预测日特征表示为 $P_L=\left(p_{L1}, p_{L2}, \cdots, p_{Ln}\right)$，采用欧几里得距离表示历史类似日特征和预测日特征时间序列的相似程度，计算公式为：

$$D_r\left(P_R, P_L\right) = \sqrt{\sum_{t=1}^{n}\left(p_{Rt} - p_{Lt}\right)^2} \tag{4-25}$$

为了准确刻画历史类似日特征和预测日特征在各个时间段的变化趋势特征，采用 P_R 和 P_L 两个时间序列的斜率表示其形态特征，因此长度为 n 的 P_R 和 P_L 了两个时间序列转化为长度为 $n-1$ 的 $P_R'=\left(p_{R1}', p_{R2}', \cdots, p_{Rn-1}'\right)$ 和 $P_L'=\left(p_{L1}', p_{L2}', \cdots, p_{Ln-1}'\right)$ 两个形态序列，形态序列中的元素值满足：

$$P'_{Ri} = \frac{p'_{Ri+1} - p'_{Ri}}{\Delta t}(i = 1, 2, \cdots, n-1) \tag{4-26}$$

$$P'_{Li} = \frac{p'_{Li+1} - p'_{Li}}{\Delta t}(i = 1, 2, \cdots, n-1) \tag{4-27}$$

在满足边界性、连续性和单调性的约束下，将矩阵 $D(P'_R, P'_L)$ 中每一组相邻元素组成的集合称为弯曲路径，记为 $W = \{w_1, w_2, \cdots, w_i \cdots w_n\}$，集合中的元素表示某点的坐标 $w_i = (P'_{Ri}, P'_{Li})$。上述路径 W 有多条，运用动态时间安全找到距离最短的最优弯曲路径。计算公式如下：

$$T(P'_R, P'_L) = \min_W \sum_{i=1}^{n} D(P'_R, P'_L) \tag{4-28}$$

为求解上述公式，采取动态规划方法构造累积代价矩阵 L，即：

$$L(P'_{Ri}, P'_{Li}) = D(P'_{Ri}, P'_{Li}) + \min_W \{L(P'_{Ri-1}, P'_{Li-1}), L(P'_{Ri-1}, P'_{Li}), L(P'_{Ri}, P'_{Li-1})\} \tag{4-29}$$

在寻找最优弯曲路径 W 时，弯曲方向为垂直方向或水平方向称为连续弯曲，当连续弯曲积累到一定次数后会造成过度完全，为满足边界性、连续性和单调性约束，对连续弯曲数 r 进行约束，即：

$$r_x \leqslant r_{max}, r_y \leqslant r_{max} \tag{4-30}$$

式中：r_x 和 r_y 分别为水平方向与垂直方向的连续弯曲数；r_{max} 为所允许的最大连续弯曲数。考虑连续弯曲约束的累积代价矩阵 L 元素为：

当 $r_x \leqslant r_{max}, r_y \leqslant r_{max}$ 时，$L(P'_{Ri}, P'_{Li}) = D(P'_{Ri}, P'_{Li}) + \min_W \{L(P'_{Ri-1}, P'_{Li-1}), L(P'_{Ri-1}, P'_{Li}),$ $L(P'_{Ri}, P'_{Li-1})\}$；

当 $r_x \leqslant r_{max}, r_y > r_{max}$ 时，$L(P'_{Ri}, P'_{Li}) = D(P'_{Ri}, P'_{Li}) + \min_W \{L(P'_{Ri-1}, P'_{Li-1}), L(P'_{Ri}, P'_{Li-1})\}$；

当 $r_x > r_{max}, r_y \leqslant r_{max}$ 时，$L(P'_{Ri}, P'_{Li}) = D(P'_{Ri}, P'_{Li}) + \min_W \{L(P'_{Ri-1}, P'_{Li-1}), L(P'_{Ri-1}, P'_{Li})\}$；

当 $r_x > r_{max}, r_y > r_{max}$ 时，$L(P'_{Ri}, P'_{Li}) = D(P'_{Ri}, P'_{Li}) + L(P'_{Ri-1}, P'_{Li-1})$。

则计算可得动态时间弯曲距离为：

$$T(P'_R, P'_L) = L(P'_{Rn}, P'_{Ln}) \tag{4-31}$$

综合考虑历史类似日特征和预测日特征的变化量与变化速度两个因素，计算 P_R 和 P_L 的相似距离，表征历史类似日特征和预测日特征的相似性。

$$E(P_R, P_L) = \sqrt{\alpha D_2(P_R, P_L) + \beta T(P'_R, P'_L)} \tag{4-32}$$

式中：α 和 β 分别为欧几里得距离权重和动态时间弯曲形态距离权重，通过设置合适的权重，实现对历史类似日特征和预测日特征的数值和形态两方面进行相似性比较。

（4）基于选取的历史类似日电价数据，结合相关因素影响系数，利用趋势外推和因素修正相结合的方法进行电价预测。

电价预测方法流程图如图 4-6 所示。

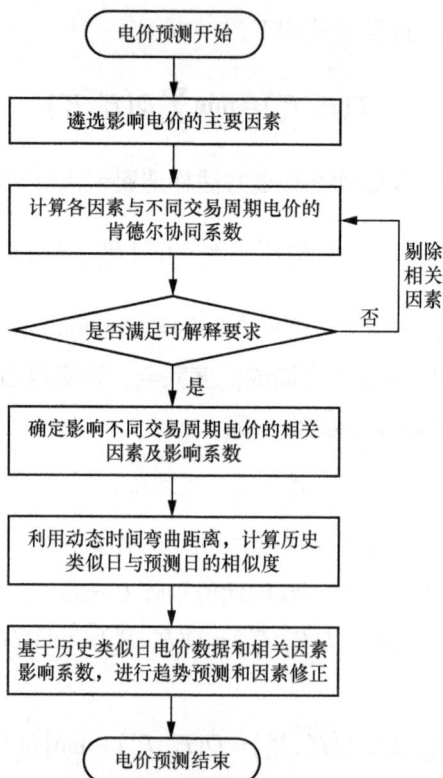

图 4-6　电价预测方法流程图

4.3　考虑共享储能的工商业用户多市场购电优化决策模型

4.3.1　不考虑共享储能的工商业用户多市场购电优化模型

工商业用户对 D 日进行购电决策时，将中长期及现货购电量作为变量，以 D 日总购电成本最小为目标构建购电优化模型。

$$\min C = \sum_t^T C_{中长期,t} + C_{现货,t} \tag{4-33}$$

式中：$C_{中长期,t}$ 为 D 日 t 时段中长期电能量市场购电成本；$C_{现货,t}$ 为 D 日 t 时段现货电能量市场购电成本，元。

中长期市场上，工商业用户签订的年度合约购电量、月度合约购电量、月内合约购电量分别为 Q_Y,Q_M,Q_D。对于年度合约电量，将年度合约电量分解到各月，由月度分解到月内各日，再由日分解到 24 时段，得到 $Q_{Y,m,d,t}$。

$$Q_Y = \sum_t^T \sum_d^{D_M} \sum_m^M Q_{Y,m,d,t} \tag{4-34}$$

对于月度合同电量，将月度合约电量分解到月内，再由月内各日分解到 24 时段，得到 $Q_{M,d,t}$。

$$Q_M = \sum_t^T \sum_d^{D_M} Q_{M,d,t} \tag{4-35}$$

对于月内合同，将月内各日分解到 24 时段，得到 $Q_{D,t}$。

$$Q_D = \sum_t^T Q_{D,t} \tag{4-36}$$

根据分解到 t 时段的中长期合约电量计算工商业用户在中长期电能量市场上 24 时段的购电成本 $C_{中长期,t}$。

$$C_{中长期,t} = C_{Y,t} + C_{M,t} + C_{D,t} \tag{4-37}$$

$C_{Y,t},C_{M,t},C_{D,t}$ 分别为 t 时段的中长期合同中年度购电成本、月度购电成本、月内购电成本。

$$C_{Y,t} = Q_{Y,m,d,t} P_{Y,t} \tag{4-38}$$

$$C_{M,t} = Q_{M,d,t} P_{M,t} \tag{4-39}$$

$$C_{D,t} = Q_{D,t} P_{D,t} \tag{4-40}$$

式中：$P_{Y,t},P_{M,t},P_{D,t}$ 分别为 t 时段中长期合同中年度购电价格、月度购电价格、月内购电价格，元/MWh。

工商业用户在 $D-1$ 日进行决策时，需在日前对用电量进行预测，$D-1$ 日

预测用电量为 $Q_{\text{all}}^{\text{forecast}}$。D 日实际用电量为 Q_{all}。

$$Q_{\text{all},t}^{\text{forecast}} = Q_{\text{Y},m,d,t} + Q_{\text{M},d,t} + Q_{\text{D},t} + Q_{\text{DA},t} \qquad (4\text{-}41)$$

$$Q_{\text{all}}^{\text{forecast}} = \sum_t^T Q_{\text{all},t}^{\text{forecast}} \qquad (4\text{-}42)$$

$$Q_{\text{all},t} = Q_{\text{Y},m,d,t} + Q_{\text{M},d,t} + Q_{\text{D},t} + Q_{\text{DA},t} + Q_{\text{r},t} \qquad (4\text{-}43)$$

$$Q_{\text{all}} = \sum_t^T Q_{\text{all},t} \qquad (4\text{-}44)$$

式中：$Q_{\text{all},t}$ 为 t 时段实际用电量；$Q_{\text{all},t}^{\text{forecast}}$ 为预测用电量分解到 t 时段的电量；$Q_{\text{DA},t}$ 为 t 时段日前市场购电量；$Q_{\text{r},t}$ 为 t 时段实时市场购电量，MWh。

$$C_{\text{现货},t} = C_{\text{DA},t} + C_{\text{r},t} \qquad (4\text{-}45)$$

$$C_{\text{DA},t} = \left(Q_{\text{all},t}^{\text{forecast}} - Q_{\text{Y},m,d,t} - Q_{\text{M},d,t} - Q_{\text{D},t} \right) P_{\text{DA},t} \qquad (4\text{-}46)$$

$$C_{\text{r},t} = \left(Q_{\text{all},t} - Q_{\text{all},t}^{\text{forecast}} \right) P_{\text{r},t} \qquad (4\text{-}47)$$

式中：$C_{\text{DA},t}$ 为 t 时段日前市场购电成本；$C_{\text{r},t}$ 为 t 时段实时市场购电成本。

中长期合同占比需满足年度合同签约电量占预测用电量的比例在 80%以上、90%以下；月度及月内进行合同签订的决策时，已签约中长期合同电量需占预测用电量比例的 95%～110%。由于中长期合同电量已平均分解到各时段，因此中长期合同电量占比约束可转化为 t 时段年度、月度、月内合同分解量占总预测用电量比例的约束。

$$\alpha_{\text{Yl}} Q_{\text{F},t} \leqslant Q_{\text{Y},m,d,t} \leqslant \alpha_{\text{Yu}} Q_{\text{F},t} \qquad (4\text{-}48)$$

$$\alpha_{\text{Ml}} Q_{\text{F},t} \leqslant Q_{\text{Y},m,d,t} + Q_{\text{M},d,t} \leqslant \alpha_{\text{Mu}} Q_{\text{F},t} \qquad (4\text{-}49)$$

$$\alpha_{\text{Ml}} Q_{\text{F},t} \leqslant Q_{\text{Y},m,d,t} + Q_{\text{M},d,t} + Q_{\text{D},t} \leqslant \alpha_{\text{Mu}} Q_{\text{F},t} \qquad (4\text{-}50)$$

式中：$|\alpha_{\text{Yl}}, \alpha_{\text{Yu}}|$ 分别为年度合同签约电量占中长期合同电量的比例上下限；$|\alpha_{\text{Ml}}, \alpha_{\text{Mu}}|$ 分别为年内已签约中长期合同电量占用电量的比例上下限。

4.3.2 考虑共享储能的工商业用户多市场购电优化模型

工商业用户联合共享储能的情况下，在 $D-1$ 日决策 D 日的最优购电量，并在无储能的基础上，在购电优化决策模型中增加共享储能容量作为变量，以 D 日购电成本、储能租赁费用之和最小以及售电收入最大为目标，对 D 日中长期与现货购电量、储能租赁容量进行协同优化。

$$\min C = \sum_{t=1}^{24} (C_{\text{中长期},t} + C_{\text{现货},t} + C_{S1,t} + C_{S2,t} - I_{S,t}^{\text{sale}}) \tag{4-51}$$

$C_{S1,t}$，$C_{S2,t}$ 分别对应 $D-1$ 日之前 t 时段的储能租赁费用与 $D-1$ 日之后 t 时段的储能租赁费用，$I_{S,t}^{\text{sale}}$ 表示工商业用户通过储能出售电能的收入。

$$C_{S1,t} = P_{S1,t} Q_{S1,t} \tag{4-52}$$

$$C_{S2,t} = P_{S2,t} Q_{S2,t} \tag{4-53}$$

其中，$P_{S1,t}$，$P_{S2,t}$ 分别对应 $D-1$ 日前 t 时段租赁每单位储能所支出的费用、$D-1$ 日后 t 时段租赁每单位储能所支出的费用；$Q_{S1,t}$，$Q_{S2,t}$ 分别对应 $D-1$ 日前 t 时段的储能租赁需求量、$D-1$ 日后 t 时段的储能租赁需求量。

$$P_{S1,t} = \frac{P_{S1} Q_{MS1}}{Q_{S1,t}} \tag{4-54}$$

$$P_{S2,t} = \frac{P_{S2} Q_{MS2}}{Q_{S2,t}} \tag{4-55}$$

其中，Q_{MS1} 为工商业用户在 $D-1$ 日前所租赁的中长期储能容量，Q_{MS2} 为在 $D-1$ 日后租赁的现货储能容量。

$$Q_{MS1} = \max\{Q_{S1,t}\}, t = 1,2,\cdots,24 \tag{4-56}$$

$$Q_{MS2} = \max\{Q_{S2,t}\}, t = 1,2,\cdots,24 \tag{4-57}$$

储能通过充放电对工商业用户的用电曲线进行削峰填谷，可计算 $D-1$ 日前租赁储能的充电电量 $Q_{S1,t}^{\text{charge}}$、放电电量 $Q_{S1,t}^{\text{discharge}}$，$D-1$ 日后租赁储能的充电电量 $Q_{S2,t}^{\text{charge}}$、放电电量 $Q_{S2,t}^{\text{discharge}}$。

$$Q_{S1,t}^{\text{charge}} = L_{S1,t}^{\text{charge}} h \tag{4-58}$$

$$Q_{S1,t}^{\text{discharge}} = L_{S1,t}^{\text{discharge}} h \tag{4-59}$$

$$Q_{S2,t}^{\text{charge}} = L_{S2,t}^{\text{charge}} h \tag{4-60}$$

$$Q_{S2,t}^{\text{discharge}} = L_{S2,t}^{\text{discharge}} h \tag{4-61}$$

式中：$L_{S1,t}^{\text{charge}}$ 为 $D-1$ 日前租赁储能的充电功率；$L_{S1,t}^{\text{discharge}}$ 为放电功率；$L_{S2,t}^{\text{charge}}$ 为

$D-1$ 日后所租赁储能的充电功率；$L_{\text{S2},t}^{\text{disch arge}}$ 为放电功率；h 为 t 时段所对应充放电时间。

$$I_{\text{S},t}^{\text{sale}} = P_{\text{DA},t}\xi_{\text{S1},t}^{\text{disch arge}}Q_{\text{S1},t}^{\text{disch arge}} + P_{\text{r},t}\xi_{\text{S2},t}^{\text{disch arge}}Q_{\text{S2},t}^{\text{disch arge}} - \\ (P_{\text{DA},t}\xi_{\text{S1},t}^{\text{ch arge}}Q_{\text{S1},t}^{\text{ch arge}} + P_{\text{r},t}\xi_{\text{S2},t}^{\text{ch arge}}Q_{\text{S2},t}^{\text{ch arge}}) \tag{4-62}$$

$$\xi_{\text{S1},t}^{\text{ch arge}} + \xi_{\text{S1},t}^{\text{disch arge}} \leqslant 1, \quad \xi_{\text{S2},t}^{\text{ch arge}} + \xi_{\text{S2},t}^{\text{disch arge}} \leqslant 1 \tag{4-63}$$

$$\xi_{\text{S1},t}^{\text{ch arge}} = \{0,1\}, \quad \xi_{\text{S2},t}^{\text{ch arge}} = \{0,1\} \tag{4-64}$$

$$\xi_{\text{S1},t}^{\text{disch arge}} = \{0,1\}, \quad \xi_{\text{S2},t}^{\text{disch arge}} = \{0,1\} \tag{4-65}$$

同样考虑中长期合同电量签约占比需满足总用电量比例的情况，结合各时段储能容量影响。

$$\alpha_{\text{Yl}}Q_{\text{F},t} - Q_{\text{MS1}} \leqslant Q_{\text{Y},m,d,t} \leqslant \alpha_{\text{Yu}}Q_{\text{F},t} - Q_{\text{MS1}} \tag{4-66}$$

$$\alpha_{\text{Ml}}Q_{\text{F},t} - Q_{\text{MS1}} \leqslant Q_{\text{Y},m,d,t} + Q_{\text{M},d,t} \leqslant \alpha_{\text{Mu}}Q_{\text{F},t} - Q_{\text{MS1}} \tag{4-67}$$

$$\alpha_{\text{Ml}}Q_{\text{F},t} - Q_{\text{MS1}} \leqslant Q_{\text{Y},m,d,t} + Q_{\text{M},d,t} + Q_{\text{D},t} \leqslant \alpha_{\text{Mu}}Q_{\text{F},t} - Q_{\text{MS1}} \tag{4-68}$$

此外，考虑工商业用户的用电平衡与储能的削峰填谷作用，租赁储能的购电优化决策模型中还需在充放电时考虑实际用电量需求。

$$Q_{\text{all},t} \leqslant Q_{\text{Y},m,d,t} + Q_{\text{M},d,t} + Q_{\text{D},t} + Q_{\text{DA},t} + Q_{\text{r},t} + \\ \xi_{\text{S1},t}^{\text{ch arge}}Q_{\text{S1},t}^{\text{ch arge}} - \xi_{\text{S1},t}^{\text{disch arge}}Q_{\text{S1},t}^{\text{ch arge}} + \xi_{\text{S2},t}^{\text{ch arge}}Q_{\text{S2},t}^{\text{ch arge}} - \xi_{\text{S2},t}^{\text{disch arge}}Q_{\text{S2},t}^{\text{disch arge}} \tag{4-69}$$

4.3.3 基于服务需求的共享储能购电优化服务定价模型

1. 工商业用户的购电优化服务需求

根据工商业用户 i 在 $D-1$ 日前中长期储能的租赁需求曲线 $N_{i,\text{S1},t}(d), i = 1,2,\cdots,N$ 以及 $D-1$ 日后现货储能的租赁需求曲线 $N_{i,\text{S2},t}(d), i = 1,2,\cdots,N$，计算一年中工商业用户 i 第 d 天的中长期储能与现货储能租赁量 $N_{i,\text{MS1}}(d), i = 1,2,\cdots,N$，$N_{i,\text{MS2}}(d), i = 1,2,\cdots,N$。

$$N_{i,\text{MS1}}(d) = \max\{N_{i,\text{S1},t}(d)\}, t = 1,2,\cdots,24 \tag{4-70}$$

$$N_{i,\text{MS2}}(d) = \max\{N_{i,\text{S2},t}(d)\}, t = 1,2,\cdots,24 \tag{4-71}$$

则 N 个工商业用户中长期储能总需求为 $N_{\text{MS1}}(d)$，N 个工商业用户现货储能总需求为 $N_{\text{MS2}}(d)$。

$$N_{MS1}(d) = \sum_{i}^{N} N_{i,MS1}(d) \qquad (4\text{-}72)$$

$$N_{MS2}(d) = \sum_{i}^{N} N_{i,MS2}(d) \qquad (4\text{-}73)$$

因此，可得一年中共享储能服务商为用户提供储能服务的储能需求量 $N_S(d)$ 。

$$N_S(d) = N_{MS1}(d) + N_{MS2}(d) \qquad (4\text{-}74)$$

式中： $N_{MS1}(d)$ 、 $N_{MS2}(d)$ 分别为共享储能服务商 d 日需提供的中长期储能服务与现货储能服务。

2. 共享储能运营商建设储能需求

随着天数 d 的变化，在 d 日共享储能服务商的储能需求量 $N_S(d)$ 也随之变动，根据伯努利大数定律， d 日储能需求量 $N_S(d)$ 的发生概率可用年内每日储能需求量 $N_S(d)$ 的出现频率表示。

$$\lim_{n \to \infty} P\{|f(N_S) - p(N_S)| < \varepsilon\} = 1 \qquad (4\text{-}75)$$

式中： $f(N_S)$ 为储能需求量值为 $N_S(d)$ 出现的频率； ε 为一个趋近于 0 的数。

由此可根据年内每日储能需求量 $N_S(d)$ 的出现频率 $f(N_S)$ ，绘制 N_{S1} 、 N_{S2} 的概率分布曲线 $P(N_{S1})$ 、 $P(N_{S2})$ 。

中长期储能容量 N_{S1} 、现货储能容量 N_{S2} 的概率分布曲线 $P(N_{S1}), P(N_{S2})$ 使得置信度 β_1 下的概率满足 $P\left[N_{S1}^{profit}(d) \leqslant N_{S1}(d)\right] \geqslant \beta_1, P\left[N_{S2}^{profit}(d) \leqslant N_{S2}(d)\right] \geqslant \beta_1$ 。

由此可以根据置信度 β_1 的变化判断共享储能服务商中长期储能的建设容量和现货储能的建设容量 $N_{S1}^{profit}(d), N_{S2}^{profit}(d)$ 。

3. 共享储能服务商储能租赁收益分析

共享储能服务商根据 d 日盈利点的储能租赁容量 $N_{S1}^{profit}(d)$ 、 $N_{S2}^{profit}(d)$ 以及 d 日储能需求量 $N_{S1}(d)$ 、 $N_{S2}(d)$ ，判断其 d 日的中长期及现货储能租赁容量 $N_{S1}^{rent}(d), N_{S2}^{rent}(d)$ ，由此计算 d 日的共享储能服务商的租赁容量 $N_S^{rent}(d)$ 。

$$N_{S1}^{rent}(d) = \min\left\{N_{S1}(d), N_{S1}^{profit}(d)\right\}, d = 1, 2, \cdots, D \qquad (4\text{-}76)$$

$$N_{S2}^{rent}(d) = \min\left\{N_{S2}(d), N_{S2}^{profit}(d)\right\}, d = 1, 2, \cdots, D \qquad (4\text{-}77)$$

$$N_S^{rent}(d) = N_{MS1}^{rent}(d) + N_{MS2}^{rent}(d) \qquad (4\text{-}78)$$

共享储能服务商年租赁容量为 $N_{\mathrm{S}}^{\mathrm{rent}}$ 。

$$N_{\mathrm{S}}^{\mathrm{rent}} = \sum_{d}^{D} N_{\mathrm{S}}^{\mathrm{rent}}(d) \qquad (4\text{-}79)$$

计算共享储能服务商通过租赁储能所得年收入 $E(N_{\mathrm{S}}^{\mathrm{rent}})$

$$E(N_{\mathrm{S}}^{\mathrm{rent}}) = \sum_{d}^{D} \left[N_{\mathrm{S1}}^{\mathrm{rent}}(d) P_{\mathrm{MS1}}(d) + N_{\mathrm{S2}}^{\mathrm{rent}}(d) P_{\mathrm{MS2}}(d) \right] \qquad (4\text{-}80)$$

式中：$P_{\mathrm{MS1}}(d)$、$P_{\mathrm{MS2}}(d)$ 分别为共享储能服务商对 $D-1$ 日前中长期储能和 $D-1$ 日后现货储能的租赁定价。

4. 共享储能提供购电优化服务定价模型

设共享储能服务商租赁储能的单位容量建设成本为 C_{cons}，单位容量年维修成本为 C_{repair}，单位容量年折旧成本为 C_{depre}。

则共享储能服务商租赁储能的年度建设成本 C_{Y} 为

$$C_{\mathrm{Y}} = \left[C_{\mathrm{cons}} \frac{i(1+i)^{n}}{(1+i)^{n}-1} + C_{\mathrm{repair}} + C_{\mathrm{depre}} \right] N_{\mathrm{S}}^{\mathrm{rent}} \qquad (4\text{-}81)$$

以共享储能服务商收入最大为目标，决策变量为共享储能服务商对 $D-1$ 日前中长期储能和 $D-1$ 日后现货储能的定价 $P_{\mathrm{MS1}}(d)$、$P_{\mathrm{MS2}}(d)$。

$$\max L = E(N_{\mathrm{S}}^{\mathrm{rent}}) - C_{\mathrm{Y}} \qquad (4\text{-}82)$$

以本章 4.3.1～4.3.3 节中的公式作为约束，得到共享储能服务商对于中长期储能和现货储能的定价。

◆ 4.4 算 例 分 析 ◆

1. 数据准备

本章选取了某一省份 56 个电力用户在某日的电量进行分析，采集了 56 个用户历史某日的总预测电量和实际电量作为数据基础。将用户总体预测电量进行加和综合考虑了不同用户的电量预测能力，在一个区域电网内体现普遍用户预测情况。实际用电量采用电网营销计量数据，电网营销计量数据也是用户实际结算的电量依据。用户总预测电量和总实际电量如图 4-7 和图 4-8 所示。

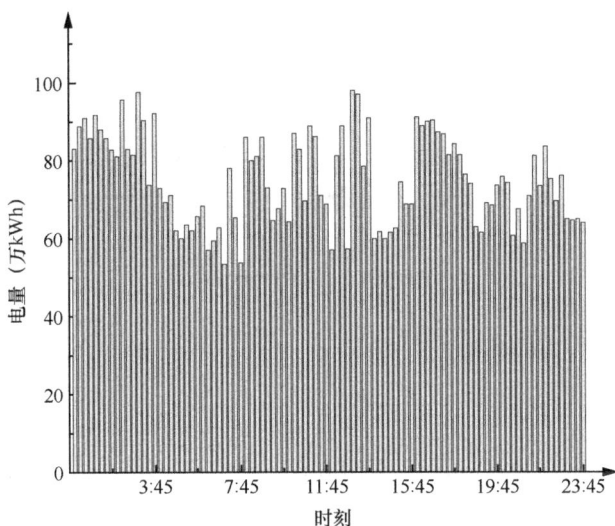

图 4-7　用户总预测电量

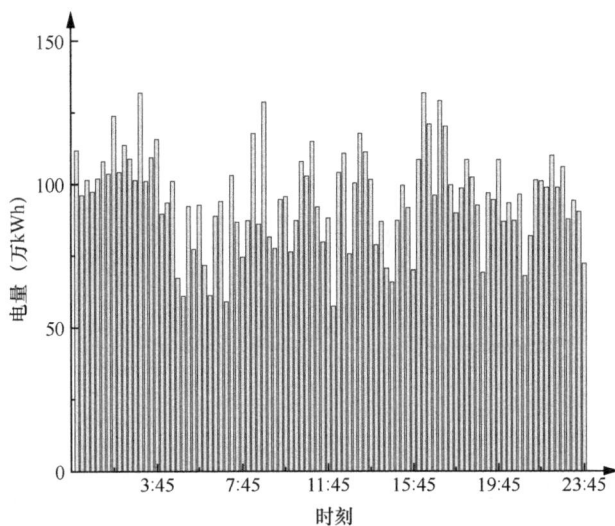

图 4-8　用户总实际电量

　　结合用户所在省份的电力市场交易情况，在近一年历史数据的基础上，采用本章 4.2.2 节中的预测方法对该执行日的年度交易、月度交易、月内交易、日前价格和实时价格进行预测，预测结果作为购电优化的输入值，进行购电优化决策。实践应用过程中，读者或用户可根据自身情况，调整价格预测方法，结合具体的决策要求，进行滚动预测。中长期市场预测电价和现货市场预测电价如图 4-9 和图 4-10 所示。

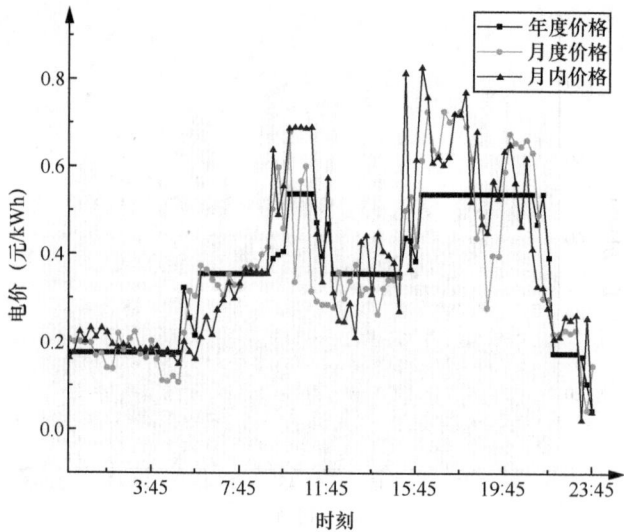

图 4-9　中长期市场预测电价

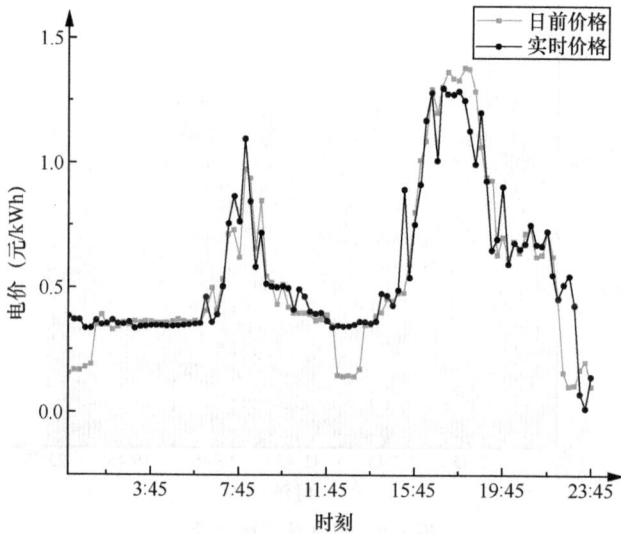

图 4-10　现货市场预测电价

2. 不考虑共享储能的工商业用户多市场购电优化决策结果

在不考虑共享储能时用户参与多市场购电的决策结果显示，年度购电电量
为 6181.11 万 kWh，月度购电电量为 1217.43 万 kWh，月内减少购买电量为 301.40
万 kWh，日前现货购电电量为 112.11 万 kWh，购电成本 3493.71 万元。对比不
考虑和考虑共享储能的工商业用户多市场购电优化决策结果，计算共享储能为

工商业用户提供购电优化服务带来的经济收益。不考虑共享储能时用户参与多
市场购电的决策结果如图 4-11 所示。

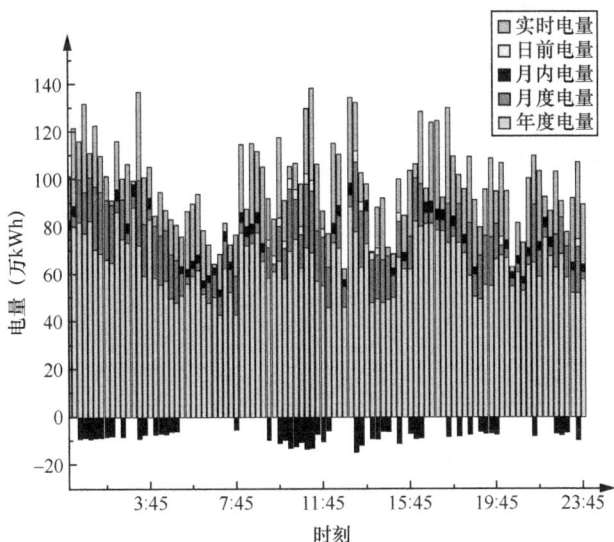

图 4-11　不考虑共享储能时用户参与多市场购电的决策结果

在不考虑共享储能时用户参与多市场购电的成本如图 4-12 所示。

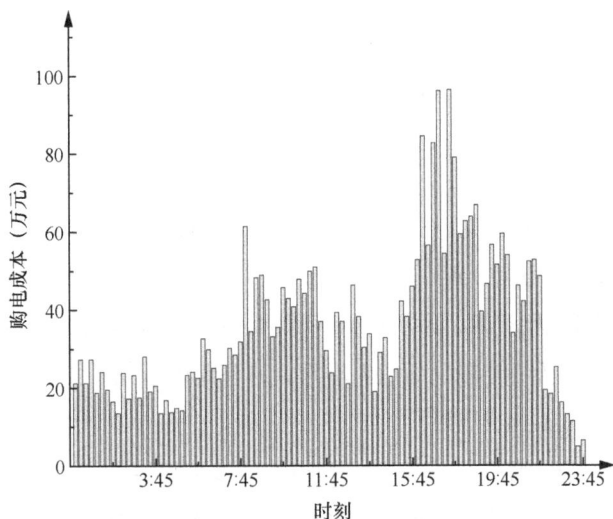

图 4-12　不考虑共享储能时用户参与多市场购电成本

3. 考虑共享储能的工商业用户多市场购电优化决策结果

共享储能为电力用户提供购电优化服务按照所需充电的容量进行定价，考

虑共享储能的用户多市场购电决策则需要分析电力用户对共享储能租赁价格的
承受能力。当共享储能租赁价格较低时储能租赁容量需求旺盛，随着共享储能
租赁容量的提高，用户租赁储能容量的需求减少，其中共享储能容量租赁价格
在0.04～0.078 元/kWh,用户租赁储能容量的需求快速减少，当超过 0.078 元/kWh
时，用户租赁储能容量的需求减少速度变慢。共享储能容量租赁价格与用户租
赁储能容量的需求关系如图 4-13 所示。

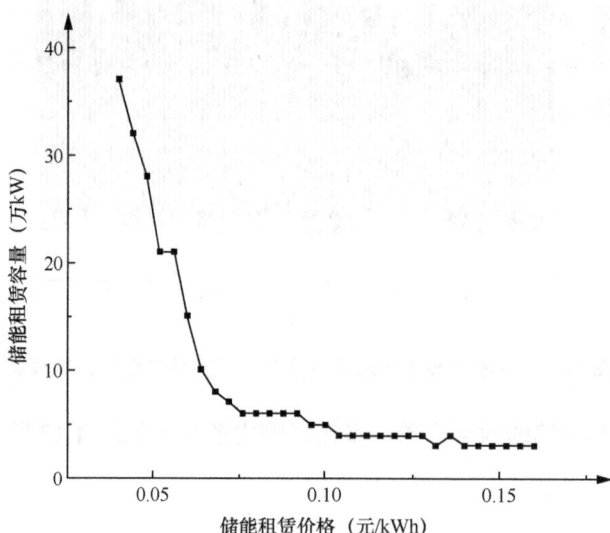

图 4-13　共享储能租赁容量需求与租赁价格的关系

当共享储能租赁价格为 0.04 元/kWh 时，共享储能租赁容量需求 37 万 kW,
考虑共享储能的用户购电优化结果显示：年度购电电量为 6181.11 万 kWh，月
度购电电量为 1217.43 万 kWh，月内减少购买电量为 376.77 万 kWh，日前现货
购电电量为 187.47 万 kWh，用户购电和购买共享储能服务的总成本为 3433.54
万元，较不考虑共享储能减少 60.17 万元。共享储能租赁价格为 0.04 元/kWh 时
购电决策结果如图 4-14 所示。

考虑共享储能时用户参与多市场购电的成本如图 4-15 所示。

当共享储能租赁价格为 0.08 元/kWh 时，共享储能租赁容量需求 8 万 kW,
考虑共享储能的用户购电优化结果显示：年度购电电量为 6181.11 万 kWh，月
度购电电量为 1217.43 万 kWh，月内减少购买电量为 283.20 万 kWh，日前现货购
电电量为 93.90 万 kWh，用户购电和购买共享储能服务的总成本为 3473.79 万元，

较不考虑共享储能减少 19.98 万元。共享储能租赁价格为 0.08 元/kWh 时购电决

策结果和购电成本如图 4-16 和图 4-17 所示。

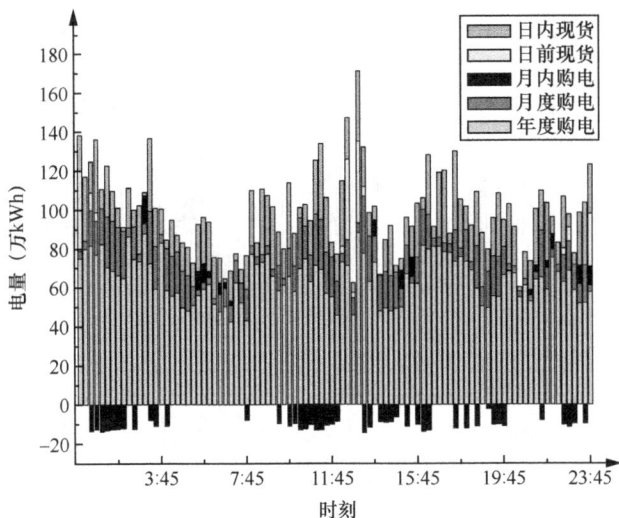

图 4-14　共享储能租赁价格为 0.04 元/kWh 时购电决策结果

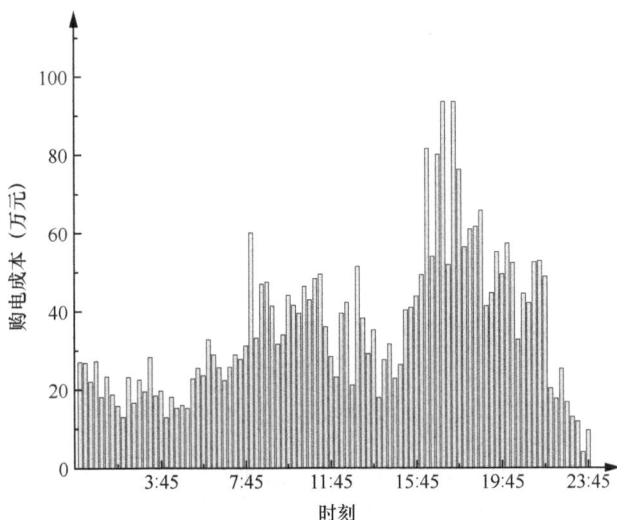

图 4-15　共享储能租赁价格为 0.04 元/kWh 时购电成本

当共享储能租赁价格为 0.12 元/kWh 时，共享储能租赁容量需求 4 万 kW，

考虑共享储能的用户购电优化结果显示：年度购电电量为 6181.11 万 kWh，月

度购电电量为 1217.43 万 kWh，月内减少购买电量为 282.29 万 kWh，日前现货购

电电量为 92.99 万 kWh，用户购电和购买共享储能服务的总成本为 3478.60 万元，

较不考虑共享储能减少 15.11 万元。共享储能租赁价格为 0.12 元/kWh 时购电决策结果和购电成本如图 4-18 和图 4-19 所示。

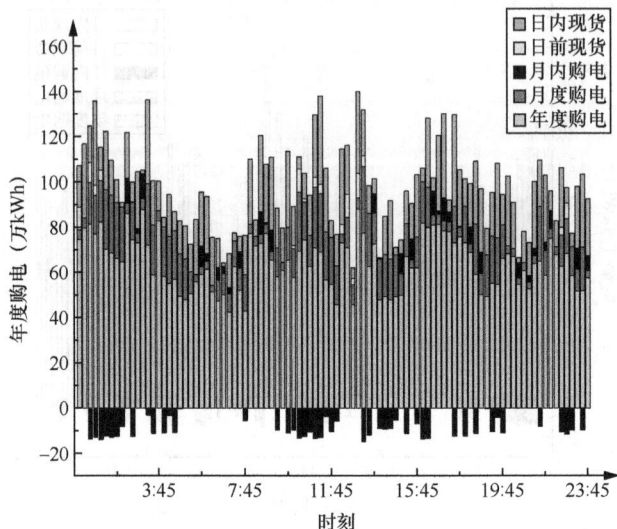

图 4-16　共享储能租赁价格为 0.08 元/kWh 时的购电决策结果

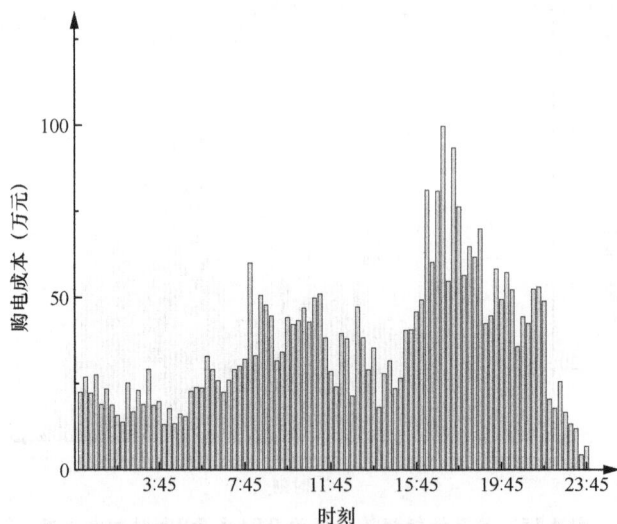

图 4-17　共享储能租赁价格为 0.08 元/kWh 时的购电成本

当共享储能租赁价格为 0.12 元/kWh 时，共享储能租赁容量需求 4 万 kW，考虑共享储能的用户购电优化结果显示：年度购电电量为 6181.11 万 kWh，月度购电电量为 1217.43 万 kWh，月内减少购买电量为 286.40 万 kWh，日前现货购电电量为 97.11 万 kWh，用户购电和购买共享储能服务的总成本为 3481.95 万元，较不考虑共享储能减少 11.76 万元。共享储能租赁价格为 0.16 元/kWh 时购电决策结果和购电成本如图 4-20 和图 4-21 所示。

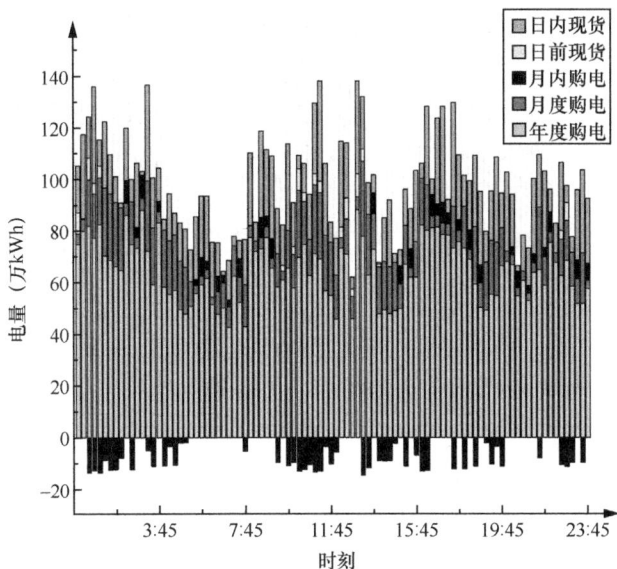

图 4-18　共享储能租赁价格为 0.12 元/kWh 时购电决策结果

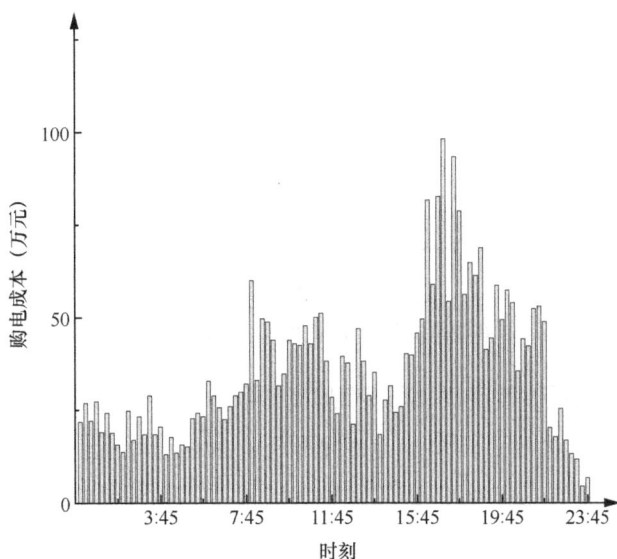

图 4-19　共享储能租赁价格为 0.12 元/kWh 时购电成本

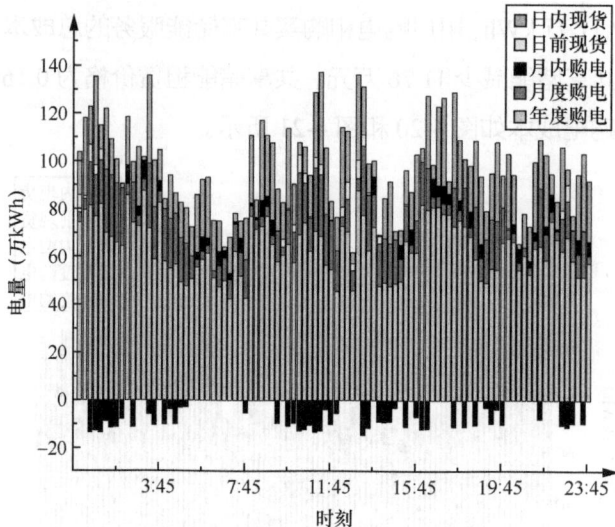

图 4-20　共享储能租赁价格为 0.16 元/kWh 时购电决策结果

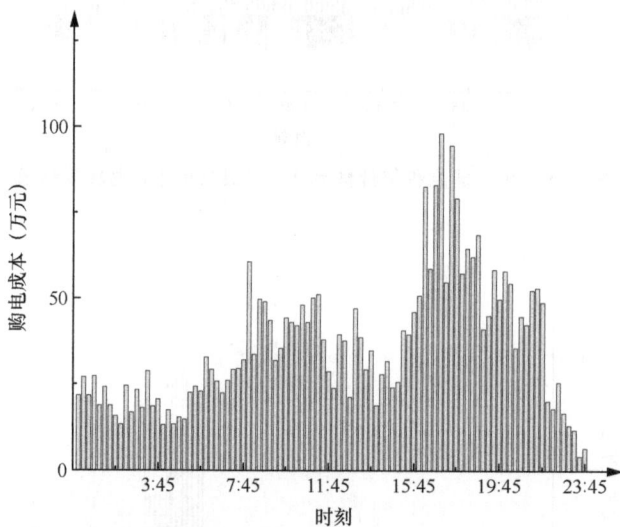

图 4-21　共享储能租赁价格为 0.16 元/kWh 时购电成本

4. 共享储能提供购电优化服务定价结果

共享储能为电力用户提供购电优化服务，根据市场的价格信号，在低电价的时候进行充电，在高电价的时候放电，针对不同租赁价格的共享储能充放电计划进行计算。

共享储能租赁价格 0.04 元/kWh 时，共享储能运营商租出容量为 37 万 kW，充放电策略如图 4-22 所示。

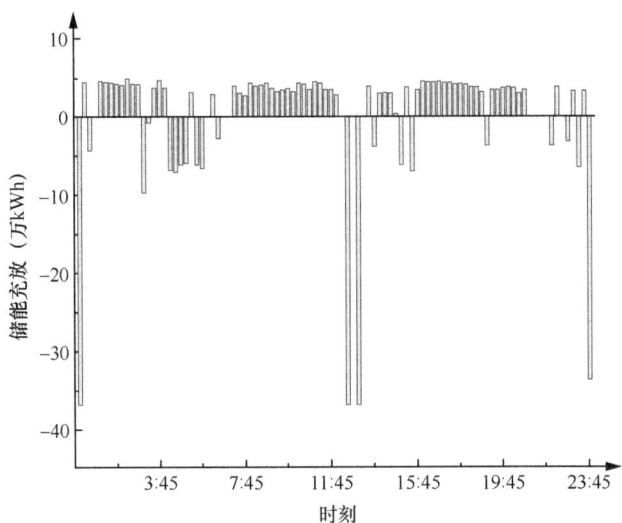

图 4-22　共享储能租赁价格为 0.04 元/kWh 时的储能充放电策略

共享储能租赁价格 0.08 元/kWh 时，共享储能运营商租出容量为 8 万 kW，充放电策略如图 4-23 所示。

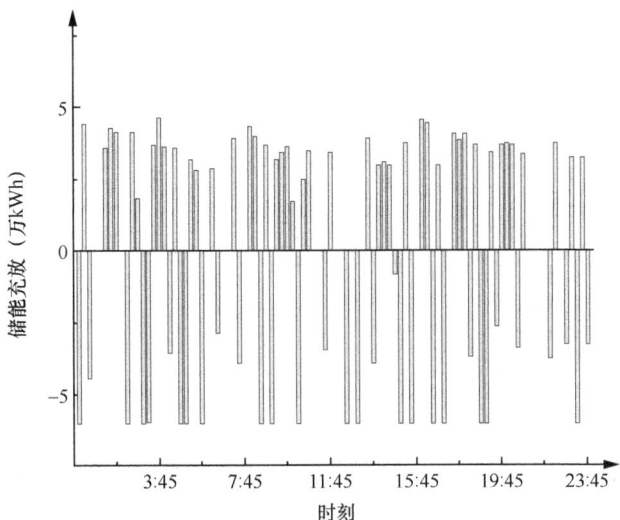

图 4-23　共享储能租赁价格为 0.08 元/kWh 时的储能充放电策略

共享储能租赁价格 0.12 元/kWh 时，共享储能运营商租出容量为 4 万 kW，充放电策略如图 4-24 所示。

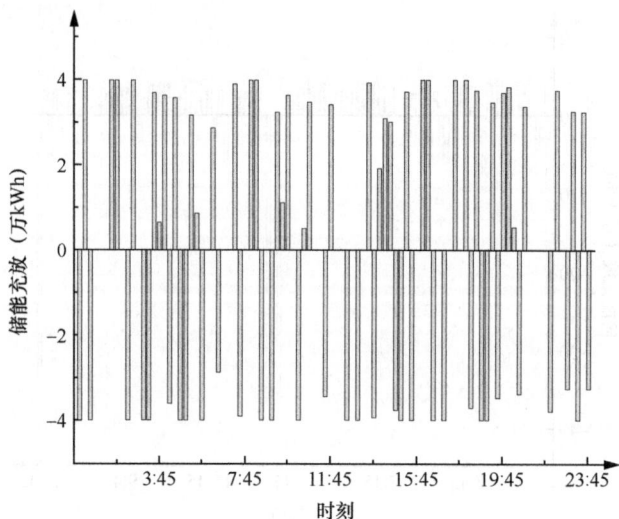

图 4-24　共享储能租赁价格为 0.12 元/kWh 时的储能充放电策略

共享储能租赁价格 0.16 元/kWh 时，共享储能运营商租出容量为 3 万 kW，充放电策略如图 4-25 所示。

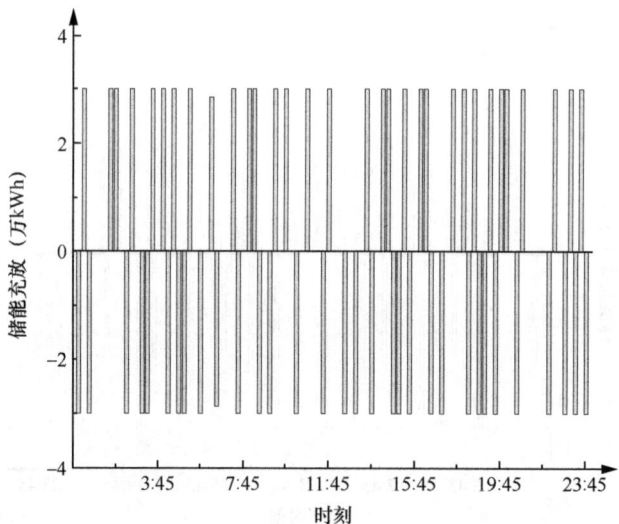

图 4-25　共享储能租赁价格为 0.16 元/kWh 时的储能充放电策略

共享储能为电力用户提供购电优化服务，从共享储能运营商的角度来看，随着共享储能容量租赁价格的升高，用户对共享储能的租赁需求降低，共享储能的收入也随之减少。从电力用户角度来看，考虑共享储能提供购电优化服务的用户购电和购买共享储能服务总成本比不考虑共享储能的购电成本低。共享储能容量租赁价格与购电成本的关系如图 4-26 所示。

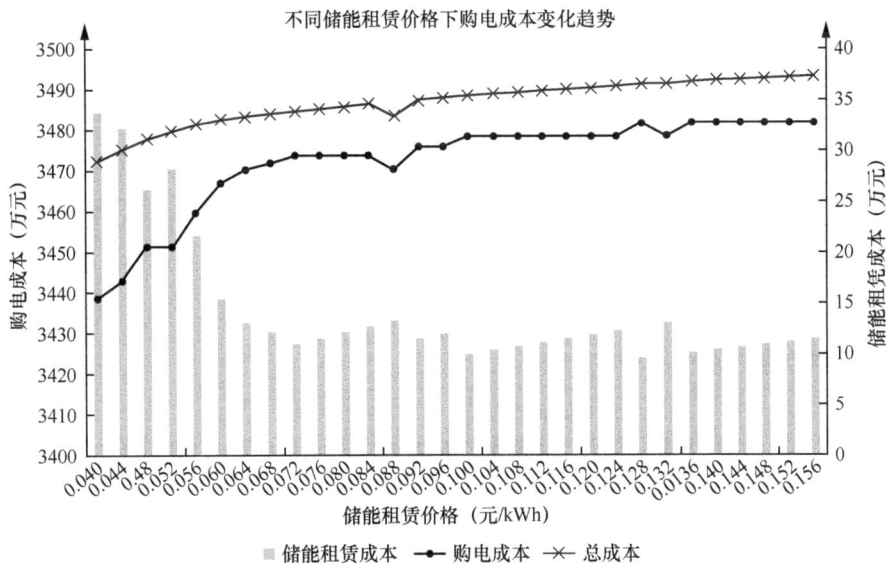

图 4-26　共享储能容量租赁价格与购电成本的关系

共享储能为电力用户提供购电优化服务按照所需充电的容量进行定价，当共享储能租赁价格较低时储能租赁容量需求旺盛，随着共享储能租赁容量的提高，用户租赁储能容量的需求减少，其中共享储能容量租赁价格在 0.04～0.078 元/kWh，用户租赁储能容量的需求快速减少，当超过 0.078 元/kWh 时用户租赁储能容量的需求减少速度变慢。当共享储能租赁价格为 0.04 元/kWh 时，共享储能租赁容量需求 37 万 kW，考虑共享储能的用户购电优化后年度购电电量为 6181.11 万 kWh，月度购电电量为 1217.43 万 kWh，月内减少购买电量为 376.77 万 kWh，日前现货购电电量为 187.47 万 kWh，用户购电和购买共享储能服务的总成本最低为 3433.54 万元，较不考虑共享储能减少 60.17 万元。不难发现考虑共享储能提供购电优化服务的用户购电和购买共享储能服务总成本比不考虑共享储能的购电成本低。

第 5 章

面向新能源的储能弃电曲线追踪服务

在高比例大规模新能源接入电力系统背景下，新能源保障性收购电量比例逐渐减少，以弃电价格并网消纳的电量逐渐增多，为解决新能源以弃电价格售出电量带来的收益受损问题，引入共享储能开展弃电曲线追踪交易。本章通过基于新能源功率影响因素识别分析新能源弃电曲线特征，建立共享储能与新能源弃电曲线追踪交易模型，演绎共享储能与新能源之间的交易过程，进而构建考虑共享储能的新能源弃电曲线追踪优化模型，为共享储能开展新能源弃电曲线追踪服务提供决策依据。

5.1 基于新能源功率特征因素识别的弃电曲线预测

1. 影响因素筛选

影响新能源功率的因素包括太阳辐照度、时间、温度、相对湿度、云量、空间位置、风速、风向、压强等历史气象数据。但是如果把这些因素都输入预测模型，会导致预测模型非常复杂，并且模型训练时间会增加。因此，采用随机森林方法对不同影响因素对新能源功率的影响程度进行准确度量，并选取了具有代表性且能准确反映新能源功率预测结果的因素。

考虑到不同的影响因素的量纲、单位都不相同，首先对其进行归一化处理，转换为[0,1]之间的数字，消除数据之间的幅度差异，避免输入数据之间的量纲差异造成模型计算的误差。归一化方法如下。

$$x^*_i = \frac{x_i - x_{\min}}{x_{\max} - x_{\min}} \qquad (5\text{-}1)$$

式中：$x_{\min}$ 为数据序列中的最小值；$x_{\max}$ 为序列中的最大值；x_i 为初始输入数据；x^*_i 为归一化之后的数据。

2. 各因素影响程度计算

利用随机森林的随机重采样技术和节点随机分裂技术构建多棵决策树，通过投票得到最终分类结果，采用基尼指数衡量评价因素的影响程度，若有 C 个特征 $X_1, X_2, X_3, \cdots, X_C$，对每个特征 X_j 的影响程度进行计算的具体步骤如下。

（1）从所有的影响因素集合中，有放回地随机抽取 K 个新的影响因素集，构建 K 棵分类回归树，未被抽到的样本组成 K 个袋外影响因素样本。

（2）设有 C 个影响因素，则在每一棵树的每个节点处随机抽取 m_{try} 个特征（$m_{try} \leqslant C$），作为随机生成的特征因素子集，通过计算该影响因素子集中每个影响因素蕴含的信息量，在 m_{try} 个影响因素中选择一个最具有分类能力的影响因素进行节点分裂，使得决策树具有更大的多样性。

（3）以基尼指数评分 $VIM_j^{(Gini)}$，计算影响因素重要程度。

VIM 表示影响因素重要性评分，GI 表示基尼指数，每个影响因素 X_j 的 Gini 指数评分 $VIM_j^{(Gini)}$。基尼指数的计算公式如下：

$$GI_m = \sum_{k=1}^{|K|} \sum_{k' \neq k} p_{mk} p_{mk'} = 1 - \sum_{k=1}^{|K|} p_{mk}^2 \tag{5-2}$$

式中：K 为一共有 K 个类别；p_{mk} 为节点 m 中类别 k 所占的比例。

影响因素 X_j 在节点 m 的影响因素相关性，即节点 m 分枝前后的基尼指数变化量。

$$VIM_{jm}^{(Gini)} = GI_m - GI_l - GI_r \tag{5-3}$$

式中：GI_l 和 GI_r 分别为分枝后两个新节点的基尼指数。

若影响因素 X_j 在决策树 i 中出现节点属于集合 M，则 X_j 在第 i 棵树的影响程度如下：

$$VIM_{ij}^{(Gini)} = \sum_{m \in M} VIM_{jm}^{(Gini)} \tag{5-4}$$

假设 RF 中共有 T 棵树，则：

$$VIM_j^{(Gini)} = \sum_{i=1}^{T} VIM_{ij}^{(Gini)} \tag{5-5}$$

将所有计算的影响程度评分做归一化处理如下：

$$VIM_j = \frac{VIM_j}{\sum_{i=1}^{C} VIM_i} \tag{5-6}$$

3. 互补集成经验模态分解

采用基于自适应数据挖掘方法的经验模态分解信号分析，首先将信号分解成有限个不同尺度的影响因素本征模态函数和剩余的模态函数分量。在此基础上针对本征模态函数存在的模态混叠现象，将高斯白噪声多次添加到整个时频空间，然后再进行模态分解，得到多个均值模态函数分量，作为最终分解结果，为了减小残余辅助噪声，在原始序列 $x(t)$ 中分别添加 N 组正、负成对的随机高斯白噪声，得到互补集合经验模态分解。其实现过程具体如下：

（1）向原始序列添加 N 组正、负白噪声。辅助噪声均值为 0，幅值系数 k 为常数的高斯白噪声 $n_i(t)(i=1,2,\cdots,N)$。当 N 取 100~300 时，均值取 0.001~0.5 倍的信号标准差。

$$\begin{bmatrix} x_{i1}(t) \\ x_{i2}(t) \end{bmatrix} = \begin{bmatrix} 1 & 1 \\ 1 & -1 \end{bmatrix} \begin{bmatrix} x(t) \\ n_i(t) \end{bmatrix} \qquad （5\text{-}7）$$

式中：$x(t)$ 为原始信号；$n_i(t)$ 为辅助白噪声；$x_{i1}(t)$、$x_{i2}(t)$ 为添加噪声后的信号对。

（2）对得到的 $2N$ 个信号进行 EMD 分解，每一个信号得到一组 IMF 分量，记第 i 个信号的第 j 个 IMF 分量为 IMF_{ij}，将参与分量记为最后一个 IMF 分量。

（3）将对应的 IMF 分量进行平均，即得到原始序列 $x(t)$ 经 CEEMD 分解后的各阶段 IMF 分量：

$$IMF_j = \frac{1}{2N} \sum_{i=1}^{2N} IMF_{ij} \qquad （5\text{-}8）$$

式中：IMF_j 为原始信号经 CEEMD 分解后得到的第 j 个 IMF。

4. 改进粒子群算法寻优求解

在求解过程中，利用粒子群算法进行全局随机搜索，为避免由于粒子都向着自身或群体历史最佳位置靠近，造成的粒子种群的快速趋同效应，设计合理的惯性权重，基于变异思想对粒子群算法进行改进，实现权重的动态修改。

粒子群进化度为：

$$e = \frac{g_{\text{best}(t)}}{g_{\text{best}(t-1)}} \qquad （5\text{-}9）$$

粒子群聚合度为：

$$a = \frac{p_{\text{size}} g_{\text{best}(t)}}{\sum_{i=1}^{p_{\text{size}}} p_{i\text{best}(t)}} \qquad （5\text{-}10）$$

式中：$g_{\text{best}(t-1)}$、$g_{\text{best}(t)}$ 分别为前一次迭代和当前迭代次数的全局最优值；p_{size} 为粒子群的规模；$p_{i\text{best}(t)}$ 为粒子 i 在当前迭代次数时的适应度值。粒子群进化度 e 能够反映粒子群速度的进化程度，当 e 稳定在 1 附近时，说明当前算法达到了最优值；当粒子群聚合度 a 越小时，说明粒子的分布越分散。惯性权重 w 的大小随着粒子群的进化速度和聚合程度而动态变化，即 w 随着粒子进化度的增大而减小，随着粒子聚合度的增大而增大。动态惯性权重计算公式如下：

$$w = f(e,a) = w_0 - 0.5e + 0.1a \qquad (5\text{-}11)$$

式中：w_0 为 w 的初始值；w_0 的经典取值为 0.9，改进后的粒子群算法在运算过程中依据 e 和 a 的值动态改变惯性因子权重，提升算法性能。

通过动态改进惯性权重，改进粒子群算法可以根据粒子的位置和移动速度，在全局搜索能力和局部搜索能力之间取得更好的平衡，避免算法陷入局部最优，并且提高搜索效率。

5. 基于神经网络预测弃电曲线

将弃电曲线预测中 N_1 个自变量和 N_0 个因变量，作为输入和输出层节点数为 N_1 和 N_0，其中隐含层节点数 N_H 可以根据式（5-12）进行确定。

$$N_H = \sqrt{N_I + N_0} + L, L = 0,1,2,\cdots,10 \qquad (5\text{-}12)$$

具体的新能源弃电曲线预测流程如图 5-1 所示。

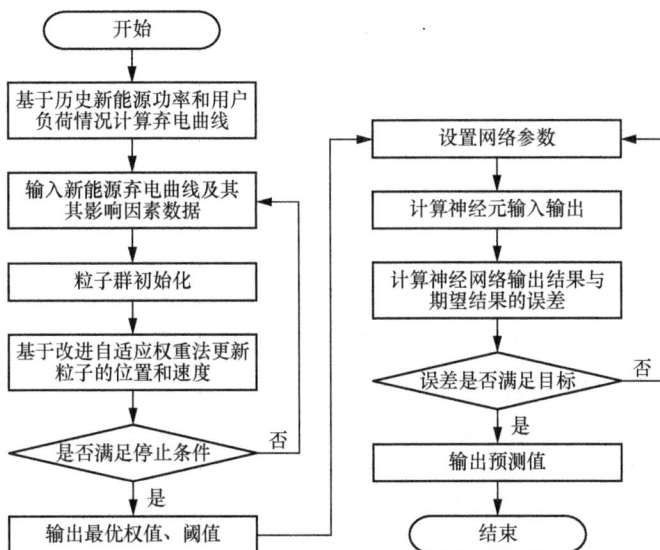

图 5-1　新能源弃电曲线预测流程

5.2 共享储能与新能源弃电曲线追踪交易模型

5.2.1 共享储能与新能源弃电曲线追踪交易流程

随着我国大规模新能源接入电网，新能源参与市场交易逐渐成为常态，但由于电力系统消纳能力的约束，考虑供需平衡的系统出清新能源不能完全按照申报电量进行出清，因此新能源企业会存在弃电电量。为进一步挖掘系统的调节能力，可以在常态化交易结束后，再组织一次源-荷-储互动交易，本章仅考虑共享储能作为交易的摘牌方，则由共享储能与新能源进行弃电曲线追踪交易。具体组织流程如下：

1. 新能源预测申报曲线

新能源企业根据电站运行情况，预测交易日的发电功率曲线，并在常态化交易中进行申报。

2. 交易机构进行市场出清

交易机构根据新能源、火力发电等发电企业的申报情况，以次日全网用电需求为出清边界，以系统购电成本最小为目标函数，考虑电力电量平衡、潮流和系统备用等约束进行市场出清，并向各个市场主体发布中标曲线。

3. 新能源弃电曲线计算

新能源企业根据预测交易日的发电功率曲线和交易机构发布的中标曲线计算新能源企业的弃电曲线。若存在弃电情况则进行下一步，若不存在则不再进行弃电曲线挂牌交易。

4. 弃电曲线挂牌摘牌交易

新能源企业在交易机构对弃电曲线进行再次挂牌，明确弃电曲线消纳需求和弃电电量的售出价格。

按照"价格优先、时间优先"的先后顺序，由共享储能运营商在交易机构进行摘牌，确定弃电曲线追踪目标和购入弃电电量价格。

5. 弃电曲线追踪偏差考核

电网运行机构和交易组织机构实时监测共享储能的充放电情况，根据共享储能充放电曲线与新能源企业弃电曲线的偏差计算弃电曲线追踪率，按照追踪率进行结算。

新能源企业弃电曲线追踪交易流程图如图 5-2 所示。

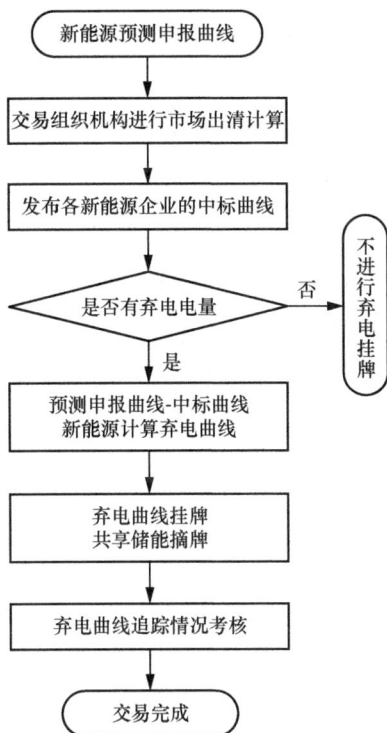

图 5-2　共享储能与新能源弃电曲线追踪交易流程

5.2.2　新能源弃电曲线挂牌

新能源企业根据电站运行情况，预测交易日的发电功率曲线，并在常态化交易中进行申报。

根据对交易日新能源功率曲线的预测，可以得到各新能源企业在各时段的功率 $Q_{k,t}^{\text{green}}$，该部分电量即为新能源企业在市场上的申报电量。

新能源企业根据预测交易日的发电功率曲线和交易机构发布的中标曲线计算新能源企业的弃电曲线。若存在弃电情况则进行下一步，若不存在则不再进行弃电曲线挂牌交易。

根据新能源企业 k 申报的新能源功率曲线 $Q_{k,t}^{\text{green}}$ 以及新能源企业 k 实际中标曲线 $Q_{k,t}^{\text{bid,green}}$，当 t 时段新能源企业申报的电量大于出清后实际中标电量时可挂牌对应弃电电量，否则挂牌电量为 0，即该时段新能源企业 k 不进行挂牌，由此计算其新能源弃电曲线 $Q_{k,t}^{\text{list,green}}$。

$$Q_{k,t}^{\text{list,green}} = \max\left\{Q_{k,t}^{\text{green}} - Q_{k,t}^{\text{bid,green}}, 0\right\} \qquad （5-13）$$

新能源企业在交易机构对弃电曲线进行再次挂牌，明确弃电曲线消纳需求和弃电电量的售出价格。

对 t 时段的新能源企业 k 的弃电电量 $Q_{k,t}^{\text{list,green}}$ 按照对应挂牌价格 $P_{k,t}^{\text{list,green}}$ 由高到低进行排序。

共享储能运营商按照"价格优先、时间优先"的先后顺序，在交易机构进行摘牌，确定弃电曲线追踪目标和购入弃电电量价格。

5.2.3 共享储能弃电曲线摘牌

交易机构根据新能源、火力发电等发电企业的申报情况，以次日全网用电需求为出清边界，以系统购电成本最小为目标函数，考虑电力电量平衡、潮流和系统备用等约束进行市场出清，并向各个市场主体发布中标曲线。

设发电侧共有 K 个新能源企业，用 k 表示新能源企业序号，其 t 时段的申报电量与申报电价为 $Q_{k,t}^{\text{green}}$、$P_{k,t}^{\text{green}}$；有 J 个火力发电企业，用 j 表示火力发电企业序号，其 t 时段的申报电量与申报电价为 $Q_{j,t}^{\text{thermal}}$、$P_{j,t}^{\text{thermal}}$。交易机构进行出清时以系统购电成本最小为目标，系统购电成本主要包括新能源的购电成本，火力发电的购电成本。

$$\min C = \sum_{t}^{T}\left(\sum_{k}^{K} Q_{k,t}^{\text{bid,green}} + \sum_{j}^{J} Q_{j,t}^{\text{bid,thermal}} \right) P_t^{\text{bid}} \qquad (5\text{-}14)$$

满足以下约束条件：

（1）系统供需平衡约束。

$$Q_{k,t}^{\text{bid,green}} + Q_{k,t}^{\text{bid,thermal}} + Q_t^{\text{out}} = N_t^{\text{sys}} \qquad (5\text{-}15)$$

$$Q_{k,t}^{\text{bid,green}} = Q_{k,t}^{\text{bid,water}} + Q_{k,t}^{\text{bid,wind}} + Q_{k,t}^{\text{bid,PV}} \qquad (5\text{-}16)$$

式中：$Q_{k,t}^{\text{bid,green}}$，$Q_{k,t}^{\text{bid,thermal}}$ 分别为 t 时段新能源、火力发电的成交电量；Q_t^{out} 为 t 时段省外计划电量（输入为正、输出为负）；N_t^{sys} 为 t 时段系统内的购电需求；$Q_{k,t}^{\text{bid,water}}$，$Q_{k,t}^{\text{bid,wind}}$，$Q_{k,t}^{\text{bid,PV}}$ 分别为 t 时段水力发电、风力发电、光伏发电的成交电量。

（2）系统备用容量约束。考虑电力系统功率平衡条件，按照全网负荷预测偏差和实际运行中出现的事故的概率，系统最小开机要求满足全网最大负荷需求，在此基础上确定系统备用容量边界，并根据系统运行情况，动态调整备用容量约束边界。

系统的正负备用容量约束可以描述为：

$$\sum_{j}^{J} \tau_{j,t} Q_{j,t}^{\max} \geqslant N_t^{\mathrm{sys}} - Q_t^{\mathrm{out}} + R_t^{\mathrm{U}} \quad (5\text{-}17)$$

$$\sum_{j}^{J} \tau_{j,t} Q_{j,t}^{\min} \leqslant N_t^{\mathrm{sys}} - Q_t^{\mathrm{out}} - R_t^{\mathrm{D}} \quad (5\text{-}18)$$

式中：$\tau_{j,t}$ 为火力发电厂 j 在时段 t 的启停状态，$\tau_{j,t}=0$ 表示停机，$\tau_{j,t}=1$ 表示开机；$Q_{j,t}^{\max}$、$Q_{j,t}^{\min}$ 分别为电厂 j 在时段 t 的最大功率电量、最小功率电量；R_t^{U}、R_t^{D} 分别为时段 t 的系统正、负备用容量要求。

（3）电厂成交量上下限约束。新能源或火力发电企业的成交量应不超过其申报电量，其约束条件为：

$$0 \leqslant Q_{k,t}^{\mathrm{bid,green}} \leqslant Q_{k,t}^{\mathrm{green}} \quad (5\text{-}19)$$

$$0 \leqslant Q_{j,t}^{\mathrm{bid,thermal}} \leqslant Q_{j,t}^{\mathrm{thermal}} \quad (5\text{-}20)$$

火力发电企业的申报电量应该处于其最大/最小功率电量范围之内。

$$\tau_{j,t} Q_{j,t}^{\min,\mathrm{thermal}} \leqslant Q_{j,t}^{\mathrm{thermal}} \leqslant \tau_{j,t} Q_{j,t}^{\max,\mathrm{thermal}} \quad (5\text{-}21)$$

式中：$Q_{j,t}^{\max,\mathrm{thermal}}, Q_{j,t}^{\min,\mathrm{thermal}}$ 分别为火力发电企业最大、最小功率电量；$\tau_{j,t}$ 表示火力发电厂 j 在时段 t 的启停状态。

（4）火力发电机组最小连续开停时间约束。火力发电机组启停需要半小时到两小时的时间，在火力发电机组未运行条件下，想要火力发电机组快速提供功率，则以火力发电机组的最小连续开停机时间为出清约束，这样留取的安全条件最大。最小连续开停时间约束可以描述为：

$$T_{j,t}^{\mathrm{D}} - (\tau_{j,t} - \tau_{j,t-1})T_{\mathrm{D}} \geqslant 0 \quad (5\text{-}22)$$

$$T_{j,t}^{\mathrm{U}} - (\tau_{j,t-1} - \tau_{j,t})T_{\mathrm{U}} \geqslant 0 \quad (5\text{-}23)$$

式中：$\tau_{j,t}$ 为火力发电厂 j 在时段 t 的启停状态；T_{U}、T_{D} 为机组的最小连续开机时间和最小连续停机时间；$T_{j,t}^{\mathrm{U}}$、$T_{j,t}^{\mathrm{D}}$ 为电厂 j 在时段 t 已经连续开机的时间和连续停机的时间，可用状态变量 $\tau_{j,t}(j=1\sim \mathrm{J},t=1\sim \mathrm{T})$ 来表示：

$$T_{j,t}^{\mathrm{U}} = \sum_{x=t-T_{\mathrm{U}}}^{t-1} \tau_{j,x} \quad (5\text{-}24)$$

$$T_{j,t}^{\mathrm{D}} = \sum_{x=t-T_{\mathrm{D}}}^{t-1} (1-\tau_{j,x}) \quad (5\text{-}25)$$

（5）火力发电厂最大启停次数约束。火力发电厂 j 在时段 t 是否切换到启动状态的切换变量为 $\eta_{j,t}$，火力发电厂 j 在时段 t 是否切换到停机状态的切换变量为 $\gamma_{j,t}$。

$$\eta_{j,t} = \begin{cases} 1, \text{当 } \tau_{j,t} = 1 \text{且} \tau_{j,t-1} = 0 \\ 0, \text{其余情况} \end{cases} \quad （5\text{-}26）$$

$$\gamma_{j,t} = \begin{cases} 1, \text{当 } \tau_{j,t} = 0 \text{且} \tau_{j,t-1} = 1 \\ 0, \text{其余情况} \end{cases} \quad （5\text{-}27）$$

相应电厂 j 的启停次数限制表示为：

$$\sum_{t=1}^{T} \eta_{j,t} \leqslant \eta_j^{\max} \quad （5\text{-}28）$$

$$\sum_{t=1}^{T} \gamma_{j,t} \leqslant \gamma_j^{\max} \quad （5\text{-}29）$$

$\eta_j^{\max}$、$\eta_j^{\min}$ 分别为电厂 j 的最大启动次数、最小停机次数。

（6）电厂爬坡约束。电厂爬坡能力和机组性能、机组状态、燃煤质量等相关，系统需要留出足够的爬坡能力，应对新能源和负荷的随机变化，则电量也对应爬坡约束。

$$Q_{k,t}^{\text{green}} - Q_{k,t-1}^{\text{green}} \leqslant \Delta Q_k^{\text{U}} \quad （5\text{-}30）$$

$$Q_{k,t-1}^{\text{green}} - Q_{k,t}^{\text{green}} \leqslant \Delta Q_k^{\text{D}} \quad （5\text{-}31）$$

$$Q_{j,t}^{\text{thermal}} - Q_{j,t-1}^{\text{thermal}} \leqslant \Delta Q_j^{\text{U}} \quad （5\text{-}32）$$

$$Q_{j,t-1}^{\text{thermal}} - Q_{j,t}^{\text{thermal}} \leqslant \Delta Q_j^{\text{D}} \quad （5\text{-}33）$$

式中：ΔQ_k^{U}、ΔQ_k^{D} 分别为新能源企业电量最大上爬坡速率、最大下爬坡速率；ΔQ_j^{U}、ΔQ_j^{D} 分别火力发电企业电量最大上爬坡速率、最大下爬坡速率。

（7）满足系统所在省份最低保障收购年利用小时数要求：

$$\sum_{m}^{M} \sum_{d}^{D_m} \sum_{t}^{T} Q_{k,t}^{\text{bid,wind}} \geqslant h_{\text{wind}} I_{\text{wind}} \quad （5\text{-}34）$$

$$\sum_{m}^{M} \sum_{d}^{D_m} \sum_{t}^{T} Q_{k,t}^{\text{bid,PV}} \geqslant h_{\text{PV}} I_{\text{PV}} \quad （5\text{-}35）$$

式中：h_{wind}、h_{PV} 分别为风力发电、光伏发电最低保障收购年利用小时数；I_{wind}、I_{PV} 分别为风力发电、光伏发电装机容量。

（8）满足系统所在省份的可再生能源电力消纳责任权重要求：

$$\frac{\sum\limits_{m}^{M}\sum\limits_{d}^{D_m}\sum\limits_{t}^{T}Q_{k,t}^{\text{bid,green}}}{Q_Y} \geqslant \omega_1 \qquad (5\text{-}36)$$

$$\frac{\sum\limits_{m}^{M}\sum\limits_{d}^{D_m}\sum\limits_{t}^{T}\left(Q_{k,t}^{\text{bid,wind}}+Q_{k,t}^{\text{bid,PV}}\right)}{Q_Y} \geqslant \omega_2 \qquad (5\text{-}37)$$

式中：ω_1 为可再生能源电力总量消纳责任权重；ω_2 为非水力发电可再生能源电力消纳责任权重；Q_Y 为年用电量。

5.3　考虑共享储能的新能源弃电曲线追踪优化模型

5.3.1　共享储能弃电曲线追踪优化建模

共享储能运营商通过在交易机构摘牌，设定共享储能运营商只能根据新能源企业的挂牌量决定是否摘牌，摘牌时需将对应挂牌电量全部购买。

t 时段共享储能运营商对于新能源弃电曲线的摘牌量表示为 $Q_t^{\text{delist,green}}$。

$$Q_t^{\text{delist,green}} = \sum\limits_{t}^{T}\sum\limits_{k}^{K}\sigma_{k,t}Q_{k,t}^{\text{list,green}} \qquad (5\text{-}38)$$

式中：$\sigma_{k,t}$ 为 0～1 变量，当 $\sigma_{k,t}=0$ 时共享储能运营商选择不摘牌，当 $\sigma_{k,t}=1$ 时共享储能运营商选择摘牌。对于共享储能运营商，其判断自身是否摘牌时，需综合考虑其摘牌所花费的购电成本与建设储能投资的初始成本、运营成本以及充放电时所赚取的收益与潜在的偏差考核费用等因素进行决策，以共享储能运营商交易日运营成本最小为决策目标，目标函数如下。

$$\min C = C_{\text{delist}} + C_{\text{con}} + C_{\text{oper}} + C_{\text{char}} + C_{\text{devia}} \qquad (5\text{-}39)$$

（1）共享储能运营商摘牌成本 C_{delist}。根据摘牌电量对应电价 $P_{k,t}^{\text{list,green}}$ 计算共享储能运营商摘牌弃电曲线的购电成本 C_{delist}。

$$C_{\text{delist}} = \sum\limits_{t}^{T}C_t^{\text{delist,green}} \qquad (5\text{-}40)$$

$$C_t^{\text{delist,green}} = \sum_k^K \sigma_{k,t} Q_{k,t}^{\text{list,green}} P_{k,t}^{\text{list,green}} \qquad (5\text{-}41)$$

式中：$C_t^{\text{delist,green}}$ 为 t 时段共享储能运营商对弃电曲线摘牌所花费的购电成本；$P_{k,t}^{\text{list,green}}$ 为 t 时段共享储能运营商摘牌电量所对应新能源企业 k 的挂牌电价。

（2）共享储能运营商储能建设成本 C_{con}。共享储能运营商建设储能的初始成本为 C_{con}，考虑到共享储能运营商在进行决策时以交易日或交易时段作为依据，需根据资本回收系数将初始建设成本 C_{con} 折算到各年或各月，再均分至各交易日或交易时段。

设储能建设回收期为 n_{con} 年，对应年投资回报率为 r_{con}；或表示为 $n_{\text{con},m}$ 月的建设回收期，对应月投资回报率为 $r_{\text{con},m}$。

$$C_{\text{con},m} = C_{\text{con}} \frac{r_{\text{con},m}(1 + r_{\text{con},m})^{n_{\text{con},m}}}{(1 + r_{\text{con},m})^{n_{\text{con},m}} - 1} \qquad (5\text{-}42)$$

$$C_{\text{con},m,t} = \frac{C_{\text{con},m}}{d_m \times \text{T}} \qquad (5\text{-}43)$$

$$n_{\text{con},m} = 12 n_{\text{con}} \qquad (5\text{-}44)$$

$$r_{\text{con},m} = \left(1 + \frac{r_{\text{con}}}{12}\right)^{12} - 1 \qquad (5\text{-}45)$$

式中：$C_{\text{con},m}$ 为折算至第 m 月的储能初始建设成本，元；$C_{\text{con},m,t}$ 为折算至 t 时段的储能初始建设成本，元；d_m 为第 m 月对应的天数，d。

（3）共享储能运营商年运营成本 C_{oper}。共享储能运营商的储能年运营成本为 C_{oper}，包含储能的年折旧成本 C_{depre}、年维修成本 C_{repair} 及其他成本 C_{other}。

$$C_{\text{oper}} = C_{\text{depre}} + C_{\text{repair}} + C_{\text{other}} \qquad (5\text{-}46)$$

同样将年运营成本折算至各月，再均分至各交易时段。

$$C_{\text{oper},m} = \frac{C_{\text{oper}}}{m} \qquad (5\text{-}47)$$

$$C_{\text{oper},m,t} = \frac{C_{\text{oper},m}}{d_m \times \text{T}} \qquad (5\text{-}48)$$

式中：$C_{\text{oper},m}$ 为折算至第 m 月的储能月运营成本，元；$C_{\text{oper},m,t}$ 为折算至 t 时段的

储能运营成本，元。

（4）共享储能运营商充放电成本 C_{char} 设 t 时段共享储能运营商的充电电量为 Q_t^{char}，放电电量为 Q_t^{dischar}，充放电成本为 C_t^{char}。

$$C_{\text{char}} = \sum_t^T C_t^{\text{char}} \tag{5-49}$$

$$C_t^{\text{char}} = \lambda_t^{\text{char}} Q_t^{\text{char}} P_t^{\text{sale}} - \lambda_t^{\text{dischar}} Q_t^{\text{dischar}} P_t^{\text{sale}} \tag{5-50}$$

$$\lambda_t^{\text{char}} = \{0,1\}, \quad \lambda_t^{\text{dischar}} = \{0,1\} \tag{5-51}$$

$$\lambda_t^{\text{char}} + \lambda_t^{\text{dischar}} \leqslant 1 \tag{5-52}$$

式中：P_t^{sale} 为 t 时段共享储能运营商在现货市场买卖电的电价，元；λ_t^{char}、$\lambda_t^{\text{dischar}}$ 分别为共享储能运营商的充放电状态；$\lambda_t^{\text{char}} = 1$ 表示共享储能放电，$\lambda_t^{\text{dischar}} = 1$ 表示共享储能充电。

t 时段共享储能的充电电量不超过其摘牌电量 $Q_t^{\text{delist,green}}$，放电电量不超过其 $t-1$ 时段共享储能剩余电量 Q_{t-1}^{S}。

$$0 \leqslant \lambda_t^{\text{char}} Q_t^{\text{char}} \leqslant Q_t^{\text{delist,green}} \tag{5-53}$$

$$0 \leqslant \lambda_t^{\text{dischar}} Q_t^{\text{dischar}} \leqslant Q_{t-1}^{\text{S}} \tag{5-54}$$

$$Q_t^{\text{S}} = Q_{t-1}^{\text{S}} + \lambda_t^{\text{char}} Q_t^{\text{char}} - \lambda_t^{\text{dischar}} Q_t^{\text{dischar}} \tag{5-55}$$

式中：Q_t^{S} 为 t 时段共享储能运营商的剩余电量。

（5）共享储能运营商充放电所减免的偏差考核费用 C_{devia}。当共享储能充放电时，可根据共享储能充放电曲线与新能源企业的弃电曲线计算偏差 $\Delta Q_t^{\text{devia}}$。

$$\Delta Q_t^{\text{devia}} = \begin{cases} \left| \lambda_t^{\text{char}} Q_t^{\text{char}} + \lambda_t^{\text{dischar}} Q_t^{\text{dischar}} - Q_t^{\text{list,green}} \right|, r_t^{\text{devia}} \geqslant r_t^{\text{stand}} \\ 0, r_t^{\text{devia}} < r_t^{\text{stand}} \end{cases} \tag{5-56}$$

式中：r_t^{devia} 为 t 时段储能充放电曲线与新能源弃电曲线的偏差率；r_t^{stand} 为 t 时段偏差率考核标准。

$$r_t^{\text{devia}} = \frac{\left| \lambda_t^{\text{char}} Q_t^{\text{char}} + \lambda_t^{\text{dischar}} Q_t^{\text{dischar}} - Q_t^{\text{list,green}} \right|}{Q_t^{\text{list,green}}} \tag{5-57}$$

则可计算共享储能运营商充放电所减免的偏差考核费用 C_{devia}。

$$C_{\text{devia}} = \sum_t^T C_t^{\text{devia}} \tag{5-58}$$

$$C_t^{\text{devia}} = \Delta Q_t^{\text{devia}} P_t^{\text{sale}} \qquad (5\text{-}59)$$

其中，t 时段的偏差考核费用以现货市场价格 P_t^{sale} 确定。

5.3.2 共享储能弃电曲线追踪偏差处理

电网运行机构和交易组织机构实时监测共享储能的充放电情况，根据共享储能充放电曲线与新能源企业弃电曲线的偏差计算弃电曲线追踪率，按照追踪率进行结算。

在交易执行过程中，电力用户需按照摘牌结果完成与新能源的互动。电力用户与新能源互动体现在曲线匹配上，电力用户的负荷曲线与新能源功率曲线相似度越高，说明互动越有效。

（1）电力用户基准负荷曲线。电力用户根据自己历史用电情况、生产排期计划、气象信息和负荷预测等，申报参与互动的基准负荷曲线。在交易实践中，电力用户的基准负荷曲线可以选取历史某天的实际曲线或未来 $D-1/2/3$ 的短期负荷预测曲线。

$$L_k^{\text{fore}} = \left(l_{k,1}, l_{k,2}, \cdots, l_{k,i}, \cdots, l_{k,n} \right) \qquad (5\text{-}60)$$

式中：L_k^{fore} 为第 k 个电力用户选取的基准负荷曲线；$l_{k,i}$ 为第 k 个电力用户选取的基准负荷曲线中在第 i 时段的电量；n 为基准负荷曲线一天中选取的时段个数。

（2）全网新能源预测功率曲线。交易机构根据全网新能源预测情况，发布预测功率曲线。

$$G_o^{\text{fore}} = \left(g_{o,1}, g_{o,2}, \cdots, g_{o,i}, \cdots, g_{o,n} \right) \qquad (5\text{-}61)$$

式中：G_o^{fore} 为全网新能源的预测功率曲线；$g_{o,i}$ 为全网新能源的预测功率曲线中第 i 时段的电量；n 为预测功率曲线一天中选取的时段个数。

（3）共享储能确定互动目标曲线。电力用户在日前或 $D-2/3$ 时，通过分析自身的基准负荷曲线和全网新能源预测功率曲线，结合自身调节能力，确定参与互动的比例。

$$L_k^{\text{tar}} = L_k^{\text{fore}} (1 - \lambda_j) + \lambda_j L_k^{\text{fore}} \times f(i) \qquad (5\text{-}62)$$

$$f(i) = \left(\frac{g_{o,1}}{E_{o,i}}, \frac{g_{o,2}}{E_{o,i}}, \cdots, \frac{g_{o,i}}{E_{o,i}}, \cdots, \frac{g_{o,n}}{E_{o,i}} \right) \qquad (5\text{-}63)$$

$$E_{o,i} = \sum_{i=1}^{n} g_{o,i} \qquad (5\text{-}64)$$

$$l_{k,i}^{\mathrm{tar}} = l_{k,i}(1 - \lambda_j) + \lambda_j l_{k,i} \times \frac{g_{o,i}}{E_{o,i}} \tag{5-65}$$

$$q_k = \sum_{j=1}^{m} \lambda_j L_k^{\mathrm{fore}} \tag{5-66}$$

式中：L_k^{tar} 为第 k 个电力用户参与互动后的目标负荷曲线；λ_j 为该电力用户第 j 天参与互动电量占全天用电量的比例；m 为该电力用户一个月参与互动交易的天数；$f(i)$ 为全网新能源的趋势；$E_{o,i}$ 为全网新能源一天内的总用电量；$l_{k,i}^{tar}$ 为第 k 个电力用户在互动日内第 i 时段内的目标电量。

　　本章电力用户与新能源互动的主要手段是电力用户主动跟踪新能源发电功率。在交易结算中需根据电力用户实际跟踪新能源发电的情况进行偏差考核。

　　（1）偏差率计算。偏差率是指交易合约值与实际发用电功率值的偏差的程度。偏差率的计算为（实际发用电功率值-交易合约值）/ 交易合约值×100%。本章按照一天中 n 个时段的电量偏差分别计算求和得出偏差率。

$$D = \sum_{i=1}^{n} \left| (M_i - X_i)/X_i \right| \tag{5-67}$$

式中：D 为偏差率；M_i 为实际值；X_i 为理论值。

　　根据前面交易的过程，本章以全网新能源预测功率作为理论值，以电力用户基准负荷为实际值计算基准偏差率，以电力用户目标负荷为实际值计算目标偏差率，以电力用户实际负荷为实际值计算实际偏差率。得出：

$$D_{\mathrm{U}} = \sum_{i=1}^{n} \left| (l_{k,i} - g_{o,i})/g_{o,i} \right| \tag{5-68}$$

$$D_{\mathrm{T}} = \sum_{i=1}^{n} \left| (l_{k,i}^{\mathrm{tar}} - g_{o,i})/g_{o,i} \right| \tag{5-69}$$

$$D_{\mathrm{R}} = \sum_{i=1}^{n} \left| (l_{k,i}^{\mathrm{real}} - g_{o,i})/g_{o,i} \right| \tag{5-70}$$

式中：D_{U} 表示基准偏差率；D_{T} 表示目标偏差率；D_{R} 表示实际偏差率；$l_{k,i}^{\mathrm{real}}$ 表示第 k 个电力用户实际负荷曲线中在第 i 时段的电量。

　　（2）偏差率与跟踪率。本章根据偏差率的变化比较，确定电力用户实际跟踪新能源的情况。偏差率与跟踪率的关系图如图 5-3 所示。

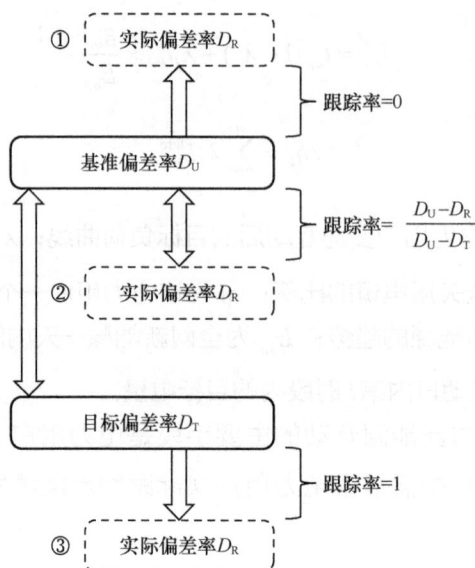

图 5-3 偏差率与跟踪率的关系图

当 $D_R \geqslant D_U$ 时，认为电力用户完全没有跟踪新能源的趋势，跟踪率为 0；

当 $D_R \leqslant D_T$ 时，认为电力用户按照目标完全跟踪了新能源的趋势，跟踪率为 1；

当 $D_T < D_R < D_U$ 时，认为电力用户按照目标跟踪了新能源的趋势，但未完全跟踪，跟踪率为（基准偏差率-实际偏差率）/（基准偏差率-目标偏差率）。

（3）跟踪率与电价。电力用户通过跟踪新能源，与新能源之间进行物理意义上的互动，减少弃风弃光，获得较低价格的电量，获得收益。考虑到当前互动交易的实际基础，可设置电力用户的跟踪率大于 70%时，则电价奖励执行系数为 1，执行互动交易电价；电力用户的跟踪率小于 70%时，则跟踪部分执行互动交易电价，未跟踪部分执行原有交易电价。

5.4 算 例 分 析

（1）弃电曲线挂牌数据。本章选取 5 个风电场和 5 个光伏电站某年 365 日的功率数据，按照四季进行典型曲线拟合，作为算例验证的初始数据。光伏发电四季典型曲线拟合结果如图 5-4 所示，风力发电四季典型曲线拟合结果如图 5-5 所示。

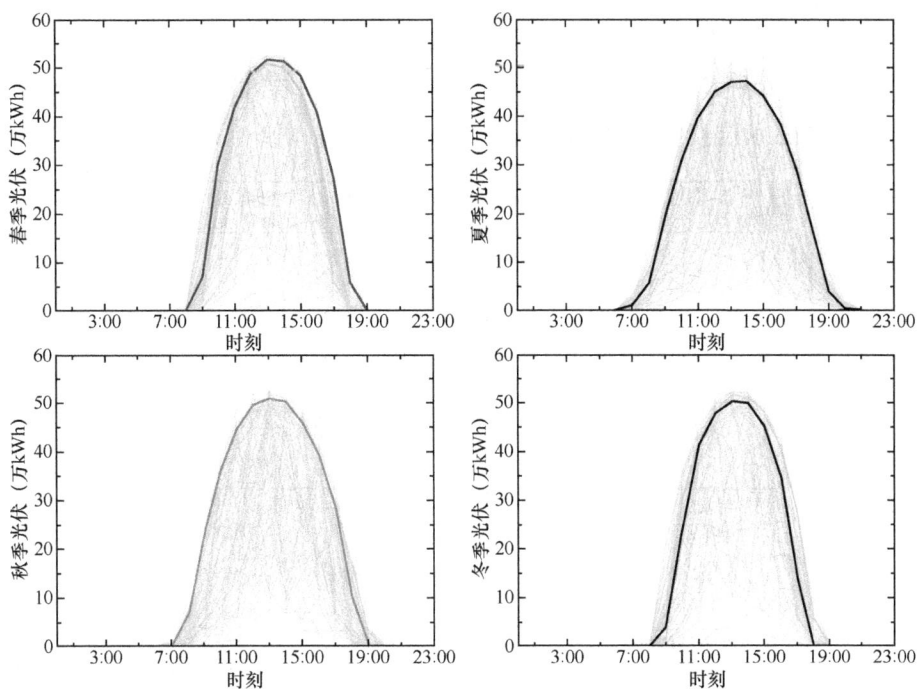

图 5-4　光伏发电四季典型曲线拟合结果

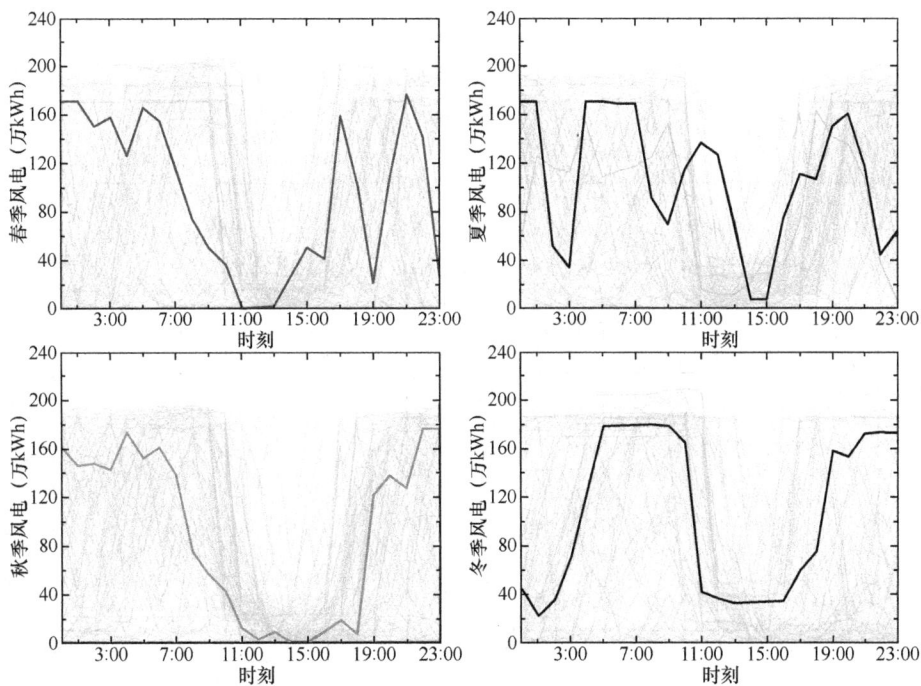

图 5-5　风力发电四季典型曲线拟合结果

　　基于 5 个风电场和 5 个光伏电站典型日功率曲线，根据交易情况计算各个新能源场站的弃电曲线情况，并由新能源场站确定挂牌价格。5 个风电场和 5 个光伏电站挂牌电量与电价如图 5-6～图 5-10 所示。

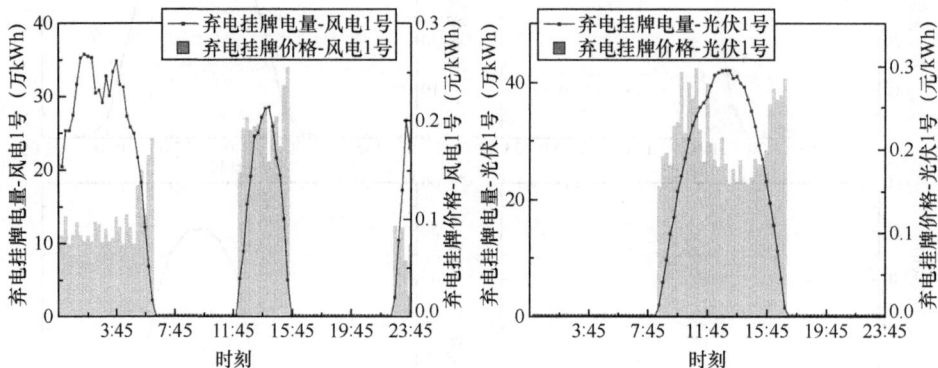

图 5-6　风电场 1 号和光伏电站 1 号挂牌电量与电价

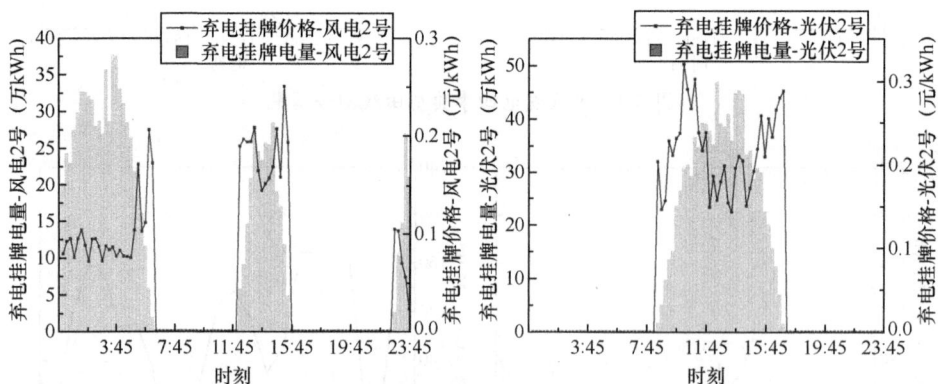

图 5-7　风电场 2 号和光伏电站 2 号挂牌电量与电价

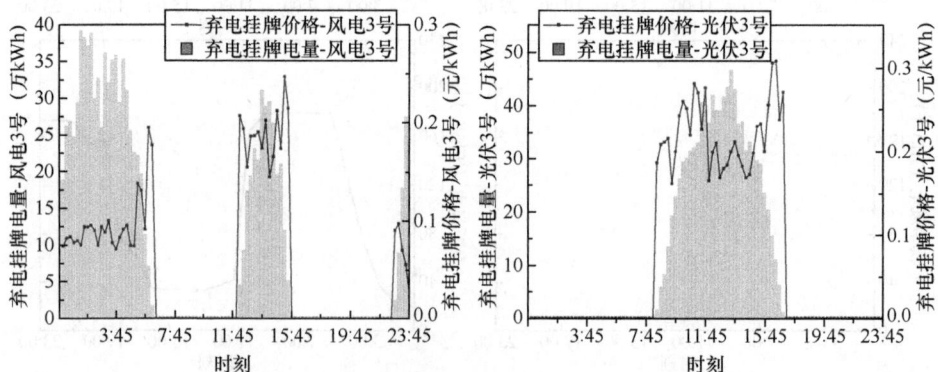

图 5-8　风电场 3 号和光伏电站 3 号挂牌电量与电价

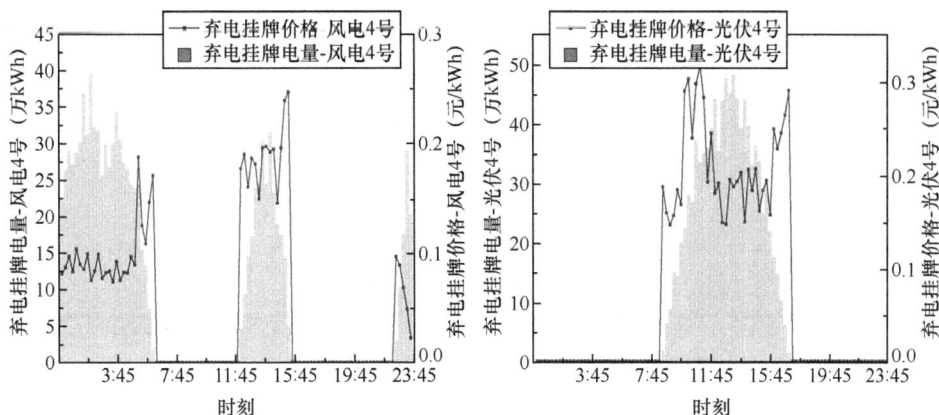

图 5-9　风电场 4 号和光伏电站 4 号挂牌电量与电价

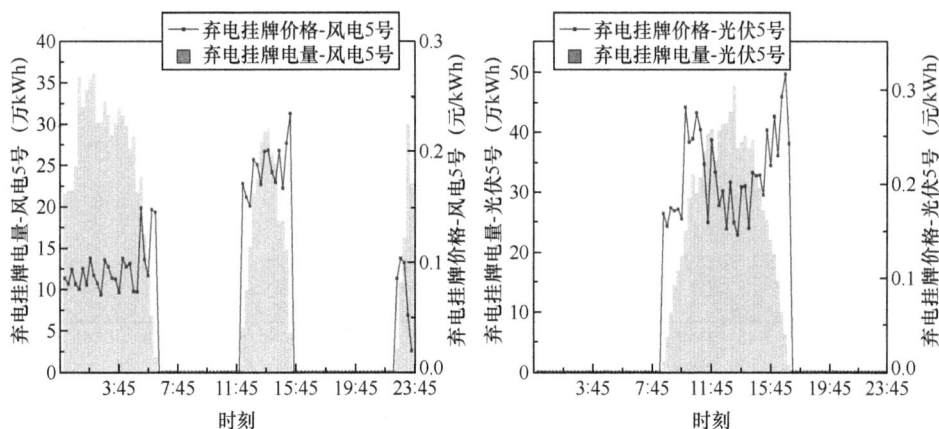

图 5-10　风电场 5 号和光伏电站 5 号挂牌电量与电价

（2）共享储能摘牌及充放电优化结果。共享储能根据自身存储能力按照价格优先的原则进行摘牌，根据摘牌电量进行充电，在现货价格较高时段放电。不同储能容量下的充放电策略如图 5-11～图 5-14 所示。

（3）共享储能收益分析。共享储能容量越大收益越大说明共享储能与新能源进行弃电曲线追踪交易具有较大盈利空间。而共享储能度电收益随着摘牌价格的变化先降低后增加，度电收益的范围为 0.9236～0.9977 元/kWh。共享储能不同容量的总收益和度电收益如图 5-15 所示。

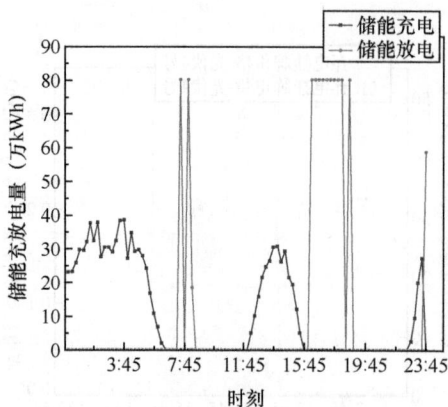

图 5-11　共享储能容量为 800 万 kWh 时
充放电策略

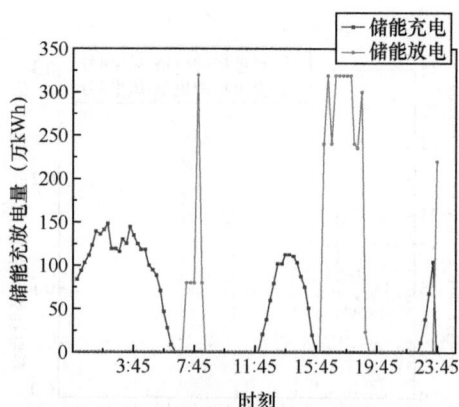

图 5-12　共享储能容量为 3200 万 kWh 时
充放电策略

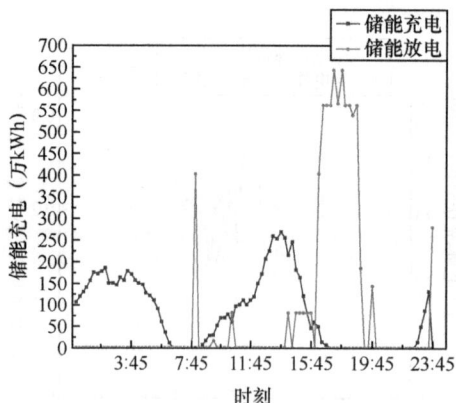

图 5-13　共享储能容量为 6400 万 kWh 时
充放电策略

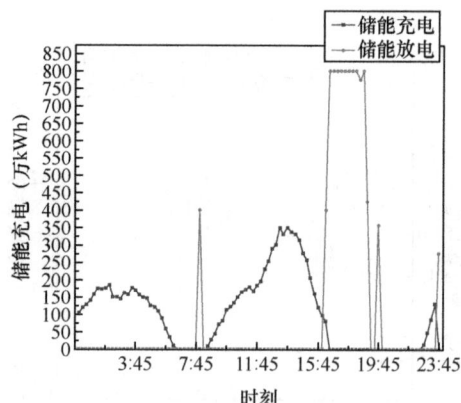

图 5-14　共享储能容量为 9600 万 kWh 时
充放电策略

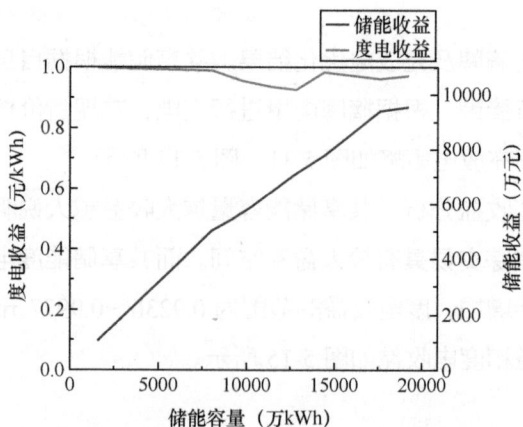

图 5-15　共享储能不同容量的总收益和度电收益

◆第 6 章

面向多市场主体的储能偏差互保服务

本章首先明确偏差互保服务中共享储能作为服务提供商,不可控新能源企业与不可调工商业用户作为服务购买者,阐明共享储能运营商视角下偏差互保服务模式的商业逻辑。针对共享储能偏差互保服务的个体可能出现的偏差和群体出现偏差的概率进行量化表征,考虑个体偏差密度和群体偏差统计,建立共享储能偏差互保服务的优化决策与定价模型,为共享储能开展偏差互保服务提供决策支撑。

6.1　共享储能偏差互保服务模式

随着我国电力市场的不断完善,电能量偏差考核逐渐形成了中长期与现货"双偏差"结算的市场机制。不可控新能源企业与不可调工商业用户在电能量市场交易过程中存在中长期偏差和现货偏差。中长期偏差是中长期合约电量与日前现货申报电量的偏差,偏差电量按照日前现货出清价格进行结算。现货偏差是日前现货申报电量与实际用电量的偏差,偏差电量按照实时价格进行结算。

不可控新能源企业与不可调工商业用户由于自身的随机性和不可控性,不可避免地会产生电量偏差,为了避免偏差两者可采取的手段包括主动地提高自身功率或负荷预测精度、自建储能电站调节偏差、新能源与调节性电源打捆和工商业用户以售电公司代理等主体间联盟形式参与市场。多市场主体避免偏差的方式如图 6-1 所示。

基于共享储能的偏差互保服务商业模式中,不可控新能源企业与不可调工商业用户向共享储能运营商购买偏差互保服务,并向共享储能运营商支付互保费用,由共享储能运营商代替新能源企业和工商业用户承担偏差风险。共享储能偏差互保服务流程如图 6-2 所示。

基于共享储能的偏差互保商业模式借鉴了传统保险行业的服务模式,共享储能作为保险人设计偏差互保商业模式的核心要素是将风险管理理论与保险理论应用到电力市场服务定价中,来规避平衡账户资金亏损风险。但是,电能量偏差互保服务与传统保险服务的不同之处在于电力的特殊性，在保险人、投保人、被保险人、保险标的和可能保风险等方面都存在着一定差异。共享储能偏差互保服务模式的构成要素见表 6-1。

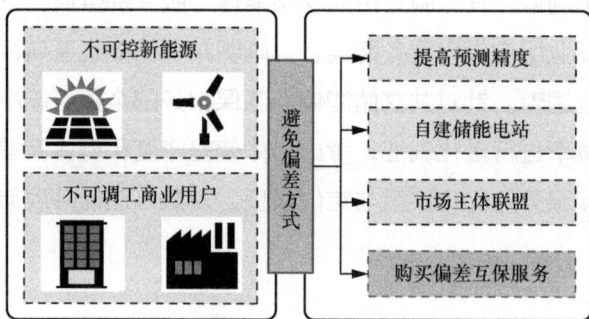

图 6-1　多市场主体避免偏差的方式

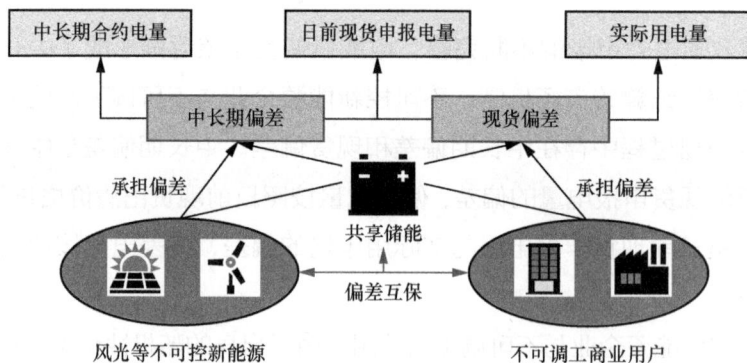

图 6-2　共享储能偏差互保服务流程

表 6-1　　　　　　　　共享储能偏差互保服务模式的构成要素

类型	传统保险服务	偏差互保服务
保险人	保险公司	共享储能运营商
投保人	目标群众	不可控新能源企业、不可调工商业用户
被保险人	合约人	投保的新能源企业和工商业用户
保险标的	事故造成的损失	中长期偏差、现货偏差
可以保风险	事故	电量偏差

共享储能运营商作为保险人建立平衡账户，平衡账户不仅需要具备资金亏损的承保能力，还应具备调节能力，并满足电网运行的调控要求。

不可控新能源企业和不可调工商业用户作为目标群众，使其具有充足的投保意愿是该商业模式可持续的基础。

投保的新能源企业和工商业用户作为被保险人，在电力市场的偏差责任认定时需支持偏差责任的转移，被保险人在支付保费后偏差考核的责任主体应变更为共享储能运营商。

电能量偏差作为保险标的，不可简单地进行正负偏差抵消，应坚持"提升系统调节能力"为基本原则，从共享储能电站选址、服务范围、入市条件、承保规模和调度运行控制要求等方面进行限制，防止投机套利。

不可控新能源企业和不可调工商业用户出现的电能量偏差概率作为可能保风险，电能量偏差的大小决定了共享储能运营商的收益及服务定价。

6.2　偏差互保服务个体偏差分析与群体概率分布

6.2.1　偏差互保服务个体偏差密度计算

概率密度函数法是研究不确定性的一种重要方法，可以有效地分析不可控新能源企业功率、电力负荷的随机性和不确定性。其主要通过某一种分布函数模型，拟合波动指标量的概率分布曲线，从而描述分析对象的随机性和不确定性特征。概率密度函数主要包括单一函数拟合、混合函数拟合和非参数核密度三类。其中，单一函数拟合，所需数据量少、易建模，适合精确度要求不高的场合；混合函数拟合，若选取的函数正确其模型最为精确，但需要提前判断符合哪种具体的分布，求解比较复杂，实用性不高；非参数核密度，在不确定概率分布的情况下能够建立较为精确的模型，但是需要大量数据，否则模型拟合度不高。

电能量市场中不可控新能源企业、电力用户是出现电能量偏差的主要主体，两者产生电能量偏差的因素不同，风光互补发电系统等不可控新能源企业产生电能量偏差主要是由于光照、风速等自然环境的变化，电力用户产生电能量偏差主要是由于用电行为的随机性，因此不能采用单一函数拟合的方法表征不同类型主体的电能量偏差。

选取混合函数拟合则需要提前判断函数的符合的具体分布，即使在一个区域内不同新能源场站预测能力、地理分布和自然环境等因素也相差较大，不同类型电力用户用电行为的随机性也不尽相同，因此选取混合函数拟合逐个判断不同主体函数符合的具体分布工作量大、出现错误判断的概率较高。为实现对不可控新能源企业、电力负荷在参与电能量市场偏差描述的统一建模，本章选取非参数核密度法进行建模。

设 $M_1, M_2, \cdots, M_i, \cdots, M_n$ 为不可控新能源企业与不可调负荷历史预测误差序列样本，预测误差的概率密度函数为 $f(m)$，$f(m)$ 的核密度估计定义为：

$$f(m) = \frac{1}{nh} \sum_{i=1}^{n} K\left(\frac{m - M_i}{h}\right) \qquad (6\text{-}1)$$

式中：n 为样本容量；h 为带宽；M_i 为历史预测误差序列的第 i 个样本值；$K(\mu)$ 为核函数。

为保证被估计概率密度函数的连续性，核函数 $K(\mu)$ 需为对称平滑非负函数，其特性可表示为：

$$\begin{cases} \int K(\mu)\mathrm{d}\mu = 1 \\ \int \mu K(\mu)\mathrm{d}\mu = 0 \\ \int \mu^2 K(\mu)\mathrm{d}\mu = c \end{cases} \qquad (6\text{-}2)$$

式中：c 为常数。

在满足公式（6-2）的前提下，核函数的选择具有多样性，但不同的核函数对于非参数密度估计的准确性影响不大，本章选择高斯函数作为预测误差概率密度估计的核函数，即：

$$K(\mu) = \frac{1}{\sqrt{2\pi}} \exp\left(-\frac{\mu^2}{2}\right) \qquad (6\text{-}3)$$

历史预测误差概率密度函数的核密度估计可写为：

$$f(m) = \frac{1}{\sqrt{2\pi} nh} \sum_{i=1}^{n} \exp\left[-\frac{1}{2}\left(\frac{m - M_i}{h}\right)^2\right] \qquad (6\text{-}4)$$

核密度估计模型中，带宽 h 的选择是影响核密度估计精确性的关键因素，若 h 值过大，则可能导致概率密度函数 $f(m)$ 平滑性过高，使得估计误差较大；若 h 值过小，虽然可以提高估计精度，但会导致概率密度函数 $f(m)$ 的波动性过高。选择合适的带宽 h 是保证核密度估计函数曲线准确性和平滑性的主要方法。

判断核密度函数曲线准确性和平滑性的指标可以分别选取积分均方误差和

滑动积分均方误差。

$$R_{\text{ise}}(h) = \int \left[f(m) - f^0(m) \right]^2 dm \qquad (6\text{-}5)$$

$$R_{\text{sme}}(h) = \int \left[f(m) - \overline{f}(m) \right]^2 dm \qquad (6\text{-}6)$$

式中：$R_{\text{ise}}(h)$ 为核密度函数的积分均方误差；$R_{\text{sme}}(h)$ 为核密度函数的滑动积分均方误差；$f^0(m)$ 为电能量偏差的真实概率密度函数，可基于历史数据的离散统计结果计算；$\overline{f}(m)$ 为电能量偏差真实概率密度函数 $f^0(m)$ 的持续性分量，可采用滑动平均方法进行提取。

保证非参数核密度估计精确性和平滑性需要统筹协调积分均方误差和滑动积分均方误差两个指标，以两个指标综合最小为目标优化确定核密度估计函数的带宽 h。

$$\min R(h) = \min \left[R_{\text{ise}}(h) + R_{\text{sme}}(h) \right] \qquad (6\text{-}7)$$

带宽 h 优化求解可采用序优化理论进行求解，求解步骤为：

（1）在带宽 h 的解空间中，依据均匀分布抽取 N 个可行解；

（2）利用粗糙模型对 N 个可行解进行评价，构造可行解序曲线，并判定曲线类型；

（3）根据带宽 h 的可行解序曲线类型，选取前 S 个解作为观测解；

（4）利用精确模型对 S 个解进行评估，选取前 K 个解作为真实好解。

确定带宽 h 后可计算电能量偏差波动的置信区间，其计算过程如下：

$$\sigma_{t,\min} = \text{Inf}\left\{ \sigma \in [-1,1] \,\Big|\, \int_0^\sigma f(m)dm \geq \frac{1-\varepsilon}{2} \right\} \qquad (6\text{-}8)$$

$$\sigma_{t,\max} = \text{Inf}\left\{ \sigma \in [-1,1] \,\Big|\, \int_0^\sigma f(m)dm \geq \frac{1+\varepsilon}{2} \right\} \qquad (6\text{-}9)$$

式中：ε 为给定置信度；$\sigma_{t,\max}$ 为在给定置信度 ε 下的波动上限；$\sigma_{t,\min}$ 为在给定置信度 ε 下的波动下限，则在置信度为 $1-\varepsilon$ 时可信功率区间为：

$$P(t) \in \left[P^f(t) + \sigma_{t,\min}P^f(t), P^f(t) + \sigma_{t,\max}P^f(t) \right] \qquad (6\text{-}10)$$

式中：$P(t)$ 为不可控新能源企业或不可调符合的可信功率区间；$P^f(t)$ 为不可控新能源企业或不可调符合的预测功率。

6.2.2 偏差互保服务群体偏差概率统计

共享储能运营商同时面向多个市场主体提供偏差互保服务，则可能出现偏差的市场主体即为共享储能运营商的服务对象，即潜在投保群体。共享储能运营商的经营情况则直接与投保群体的偏差概率有关。本章提出的偏差互保服务核心商业模式是保险服务，其商业模式可行的核心是保险定价，公平、科学、合理、适度的保险费标准，不仅可以保障投保人和被保险人的合法权益，也能够使得保险公司获取合理收益。在保险定价的研究中多使用大数定理和中心极限理论计算保费，其中大数定理主要用于计算可能保风险的概率。

1. 伯努利大数定律

大数定理在经济保险中较为常用，伯努利大数定律属于一种独立同分布大数定理，其特点是随机变量的取值服从同一分布。各个投保的新能源企业、工商业用户的预测功率与实际功率出现偏差的因素包括自身预测能力、温度、湿度、风力、风向、光照和随机行为等均符合随机性，但从共享储能互保服务的目标群体来看，多个主体的偏差概率具有一定的规律性。

设 n_A 是 n 次独立重复试验中事件 A 发生的次数，p 是每次试验中 A 发生的概率，则 $\forall \varepsilon > 0$，有：

$$\lim_{n \to \infty} P\left(\left| \frac{n_A}{n} - p \right| \geq \varepsilon \right) = 0 \ \text{或} \ \lim_{n \to \infty} P\left(\left| \frac{n_A}{n} - p \right| < \varepsilon \right) = 1 \qquad （6\text{-}11）$$

事件 A 发生的频率 $\frac{n_A}{n}$ "稳定于"事件 A 在一次试验中发生的概率是指频率 $\frac{n_A}{n}$ 与概率 p 有较大偏差 $\left(\left| \frac{n_A}{n} - p \right| \geq \varepsilon \right)$ 是小概率事件，因而在 n 足够大时，可以用频率 $\frac{n_A}{n}$ 来近似代替概率 p。

2. 投保群体偏差概率测定

根据收集到的不可控新能源企业和不可调工商业用户的历史预测数据和实际功率数据，可对潜在投保群体的偏差概率进行统计，共享储能在调节偏差时需根据所有投保主体的实时偏差进行即时响应，需按照每个时刻进行概率统计。

投保主体在 t 时刻的预测偏差率：

$$B_t = \frac{\left(P_t^r - P_t^f\right)}{P_t^r} \tag{6-12}$$

式中：t 为计算时段，假设一天划分为 m 个时段，则 $t = 1, 2, \cdots, m$；B_t 为投保主体在 t 时段的预测偏差率；P_t^r 为投保主体在 t 时段的实际功率；P_t^f 为投保主体在 t 时段的预测功率。

投保主体在 t 时段预测偏差率为 B_t 的概率：

$$\lim_{n\to\infty} P\left(\left|\frac{n_A}{n} - p\left(B_t\right)\right| \geqslant \varepsilon\right) = 0 \text{ 或 } \lim_{n\to\infty} P\left(\left|\frac{n_A}{n} - p\left(B_t\right)\right| < \varepsilon\right) = 1 \tag{6-13}$$

当 $n \to \infty$ 时：

$$p\left(B_t\right) = \frac{n_A}{n} \tag{6-14}$$

式中：事件 A 为投保主体在 t 时段预测偏差率为 B_t；$p\left(B_t\right)$ 为投保主体在 t 时段预测偏差率为 B_t 的概率。

6.3　共享储能偏差互保服务的优化决策与定价模型

6.3.1　目标函数

共享储能运营商作为保险人，共享储能运营商在进行偏差互保服务定价时需要考虑潜在投保群体的投保意愿。

考虑电网分区断面安全约束，为保证共享储能运营商建设的储能电站接受电网调度机构的直接调控，并能够根据代理所有多市场主体加和的实时偏差进行即时响应，建议共享储能电站和共享储能运营商代理的多市场主体在电网同一安全分区内，本章构建的模型中不考虑电网潮流约束。

根据偏差保险服务的定价模型，共享储能运营商的收入为收取的保费，成本包括建设共享储能电站的成本和可能出现的偏差考核费用。本章考虑共享储能容量优化，以共享储能运营商的收益最大为目标，构建偏差保险定价模型如下：

$$\max_{x, A} R = \left(A \times G\right) - \left(C_{LCOS} \times x\right) - F(x) \tag{6-15}$$

$$\begin{cases} G = \sum_{1}^{q} G_j^0 \\[2mm] C_{\text{LCOS}} = \dfrac{C_{\text{V}} + \dfrac{C_{\text{M}}}{(1+r)^n} + \dfrac{C_{\text{H}}}{(1+r)^n} + \dfrac{C_{\text{E}}}{(1+r)^{n+1}}}{n} \\[4mm] F(x) = \sum_{1}^{m} \left[f(x) \times D_\theta \right] \end{cases} \tag{6-16}$$

第 j 个多市场主体的偏差电量矩阵为：

$$\boldsymbol{W}_j^0 = \left(\alpha_j \times G_j^0 \right)^{\text{T}} \times X_j^0 \tag{6-17}$$

$$\boldsymbol{W}_j^0 = \left(L_1^0, \ L_2^0, \cdots, \ L_i^0, \cdots, \ L_{mj}^0 \right) \tag{6-18}$$

典型日共享储能运营商各时段的偏差电量（即储能充放电量需求）矩阵为：

$$\boldsymbol{W}_{\text{D}} = \left(L_1^0, \ L_2^0, \cdots, \ L_i^0, \cdots, \ L_m^0 \right) \tag{6-19}$$

$$\boldsymbol{L}_i^0 = \sum_{1}^{N} L_{ij}^0 \tag{6-20}$$

储能电站根据代理所有多市场主体加和的实时偏差进行即时响应，考虑储能充放电瞬时功率、储能装机容量和充放电转换效率的约束。当储能电站装机为 x 时，充电时长为 t，充电容量为 tx，第 i 时段储能电站存储的电量为 L_i，$\boldsymbol{Q}_{\text{D}}$ 为储能电站在 m 个时段的状态矩阵；i 时段内的最大充电功率 $x(t_i - t_{i-1})$，最大放电功率 $\partial x(t_i - t_{i-1})$；可放电容量 ∂L_i，可充电容量 $(tx - L_i)$；得出储能电站的充放电函数：

$$\boldsymbol{Q}_{\text{D}} = \left(L_1, \ L_2, \cdots, \ L_i, \cdots, \ L_m \right) \tag{6-21}$$

$$f(x) = b \times \sum_{1}^{m} \left(\left| L_i^0 - L_i \right| \right) \tag{6-22}$$

上文中式（6-15）～式（6-22）的符号定义见表6-2。

表 6-2   符号定义表

符号	符号的定义
A	多市场主体单位装机的偏差保险定价标准 [元/(MW·年)]
G	购买偏差保险服务的多市场主体装机容量（MW）

续表

符号	符号的定义
G_i^0	共享储能运营商代理的第 j 个市场主体的装机（MW）
q	购买偏差保险服务的多市场主体数量
C_{LCOS}	储能的年平准化单位装机成本［元/(MW·年)］
x	储能电站的装机容量（MW）
C_V	单位储能容量的投资成本
C_M	单位储能容量的运行成本
C_H	单位储能容量的维修成本
C_E	单位储能容量的报废成本
n	储能电站的运行年限
r	共享储能运营商期望的财务内部收益率
$f(x)$	建设储能装机容量为 x 时典型日偏差考核费用
$F(x)$	建设储能装机容量为 x 时全年的偏差考核费用

6.3.2　约束条件

1. 新能源投保意愿约束

为保证新能源企业愿意购买偏差保险，新能源企业支付的保险费用应小于新能源可能出现的偏差考核费用，同时小于新能源自建储能的费用。第 j 个市场主体在一年的偏差考核费用 F_{Yj}^0，第 j 个市场主体建设的储能装机 x_j。

$$\forall j \left| A \times G_j^0 < F_{Yj}^0 \right. \tag{6-23}$$

$$\forall j \left| A \times G_j^0 < C_{LCOS} \times x_j \right. \tag{6-24}$$

各市场主体偏差考核费用的计算可按照季度或月度分别统计典型日的偏差率，同时利用历史数据拟合多市场主体各季度或月度典型日的功率曲线。

$$X = \left(B_{1s}^0, \ B_{2s}^0, \cdots, \ B_{is}^0, \cdots, \ B_{ms}^0 \right) \tag{6-25}$$

$$Y^T = \left(P_1^r, \ P_2^r, \cdots, \ P_1^r, \cdots, \ P_m^r \right) \tag{6-26}$$

典型日的负荷率：

$$Z^T = \left(\alpha_1, \ \alpha_2, \cdots, \ \alpha_i, \cdots, \alpha_m \right) \tag{6-27}$$

$$\alpha_i = \frac{P_i^r}{G^0} \tag{6-28}$$

典型日在第 i 个时段新能源平均功率的偏差：

$$P(t_i) = B_{is}^0 \times P_i^r = B_{is}^0 \times \left(\alpha_i \times G^0 \right) \tag{6-29}$$

典型日在第 i 时段新能源的偏差考核电量：

$$Q(t_i) = P(t_i) \times (t_i = t_{i-1}) \tag{6-30}$$

为了保证电网安全可靠运行，将新能源按照一定置信度预测准确率纳入发电计划，尽量避免偏差导致电网安全裕度不足问题。可由电网调度机构制定多市场主体的偏差考核费用，按照一个考核周期内的偏差电量进行计算。电网调度机构制定考核费用为偏差考核单价 b 元/kWh，则指定多市场主体在第 i 个时段的偏差考核费用为：

$$F_i^0 = Q(t_i) \times b (i = 1 \cdots m) \tag{6-31}$$

典型日新能源的偏差考核费用：

$$F_D^0 = \sum_1^m F_i^0 \, (i = 1 \cdots m) \tag{6-32}$$

按照春、夏、秋、冬四季统计典型日的偏差率和典型日功率曲线，一年四季典型日的偏差考核费用记为 $F_{D春}$、$F_{D夏}$、$F_{D秋}$、$F_{D冬}$，则一年的偏差考核费用为：

$$F_Y^0 = \sum_1^m \left[F_D \times D_\theta \right] \tag{6-33}$$

上文中式（6-23）～式（6-33）的符号定义见表 6-3。

表 6-3   符号定义表

符号	符号的定义
X	多市场主体在一个典型日内 m 时段的平均偏差率矩阵
Y	多市场主体在一个典型日内 m 时段的实际平均功率矩阵
Z	多市场主体在一个典型日内 m 时段的实际平均负荷率矩阵
α_i	多市场主体在一个典型日内第 i 时段的平均负荷率
b	电网调度机构制定的考核费用，即偏差考核单价 b 元/kWh
$P(t_i)$	多市场主体在一个典型日内 i 时段内的平均偏差功率
$W_{fd}(t_i)$	多市场主体在一个典型日内 i 时段内的偏差考核电量
F_i^0	多市场主体在一个典型日内 i 时段内的偏差考核费用
F_D^0	多市场主体在一个典型日的偏差考核费用
D_θ	一年内春、夏、秋、冬四季的天数
F_Y^0	多市场主体在一年的偏差考核费用

2. 储能电站充放电约束

储能电站的充放电约束，主要包括充放电瞬时功率、储能装机容量和充放电转换效率的约束。储能电站的装机为 x，储能电站 i 时段的充电指令 X_i^{in}，放电指令 X_i^{out}，储能电站的充放电转换效率 ∂。

$$0 < X_i^{in} \leqslant x(t_i - t_{i-1}) \tag{6-34}$$

$$0 < X_i^{out} \leqslant \partial x(t_i - t_{i-1}) \tag{6-35}$$

$$\partial L_{i-1} \geqslant L_i^0 \tag{6-36}$$

$$\partial x(t_i - t_{i-1}) \geqslant |L_1^0| \tag{6-37}$$

储能容量与储能装置的最大充放电功率（装机）的关系为：

$$x = 2P_{max} \tag{6-38}$$

t_k 时刻市场主体预测电量偏差累计量为：

$$W_{fd总}(t_k) = \sum_{i=1}^{k} P_{fd}(t_i) \times (t_i - t_{i-1}) \quad k = 1, 2, \cdots, n \tag{6-39}$$

$$t_0 = 0 \tag{6-40}$$

t_i 时刻储能装置可以充电或放电的功率为：

$$P_{es}(t_i) = \frac{|P_{fd}(t_i)|}{P_{fd}(t_i)} \min\left\{|P_{fd}(t_i)|, P_{max}\right\} \quad i = 1, 2, \cdots, n \tag{6-41}$$

则在 (t_{i-1}, t_i) 时间段内储能装置需充电或放电的电量为：

$$W_{es}(t_i) = P_{es}(t_i) \times (t_i - t_{i-1}) \quad i = 1, 2, \cdots, n \tag{6-42}$$

$$t_0 = 0 \tag{6-43}$$

t_i 时刻储能装置累计储能为：

$$W_{es总}(t_1) = \begin{cases} 0 & W_{es}(t_1) < 0 \\ W_{es}(t_1) \times t_1 & W_{es}(t_1) \geqslant 0 \end{cases} \tag{6-44}$$

$$W_{es总}(t_i) = \max\left\{W_{es总}(t_{i-1}) + W_{es}(t_i), 0\right\} \quad i = 2, 3, \cdots, n \tag{6-45}$$

t_i 时刻市场主体偏差电量为：

$$W_d(t_i) = W_{es总}(t_i) - |W_{fd总}(t_i)| \quad i = 1, 2, \cdots, n \tag{6-46}$$

3. 储能运行约束

$$P_{\max} \geqslant 0 \tag{6-47}$$

$$0 \leqslant x \leqslant \max\left\{\left|W_{\text{fd总}}(t_1)\right|, \left|W_{\text{fd总}}(t_2)\right|, \cdots, \left|W_{\text{fd总}}(t_n)\right|\right\} \tag{6-48}$$

式中：x 为单一电站的储能容量，kWh；$P_{\max}$ 为参与者 i 的储能装置的最大充放电功率（装机），kW。

设 t 时刻，储能装置充放电功率为 $P_{\text{es}}(t)$，储能装置充放电量为 $W_{\text{es}}(t)$；市场主体预测功率偏差 $P_{\text{fd}}(t)$，$P_{\text{fd}}(t)$ 大于 0 为充电，$P_{\text{fd}}(t)$ 小于 0 为放电，预测偏差 $W_{\text{fd}}(t)$；设 t 时刻偏差电量为 $W_{\text{d}}(t)$。

共享储能运营商作为保险主体，其投资运营的决策依据是收益大于 0。

$$R \geqslant 0 \tag{6-49}$$

6.4 算 例 分 析

1. 偏差分析结果

本章选取 36 家新能源电站和 65 家工商业用户，对一年中四季典型日的平均历史预测偏差电量进行统计，为便于对比各市场主体预测偏差的大小，按照每 1000kWh 电量的偏差电量进行统计。利用 Python 对采集到的数据进行预测偏差的核密度计算，结果显示选取的某一市场主体预测偏差集中-3.5%～3.6%，预测偏差分布范围为-12.9%～12.6%。单个市场主体的预测偏差如图 6-3 所示。

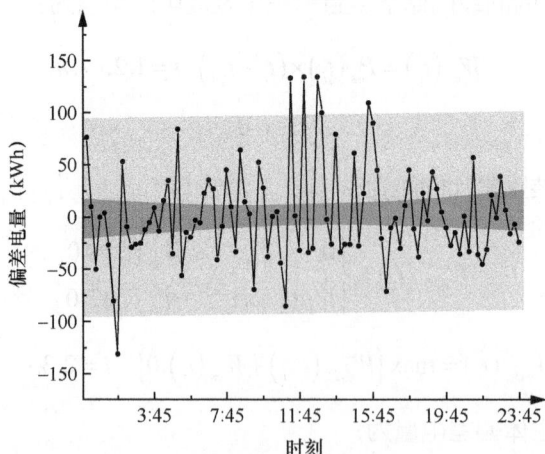

图 6-3　单个市场主体的预测偏差

对全部市场主体进行预测偏差电量统计，平均预测偏差集中在-5.2%～5.4%之间，预测偏差分布范围为-18.7%～19.1%。多个市场主体的预测偏差如图 6-4 所示。

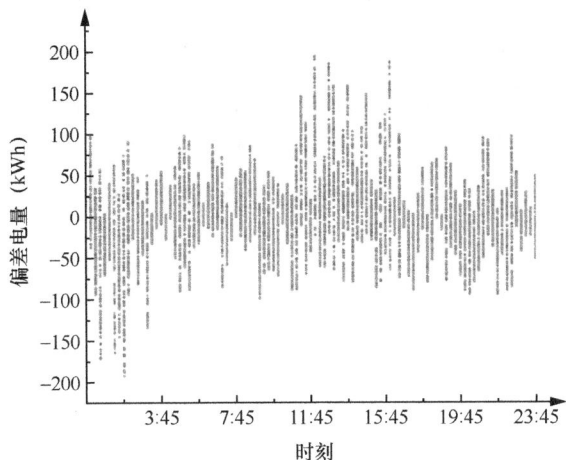

图 6-4　多个市场主体的预测偏差

在同一时刻各市场主体电量预测分别出现正偏差和负偏差，当由一个共享储能运营商为所有市场主体提供偏差互保服务时，总体预测偏差电量出现正负偏差抵消情况，对比正负抵消前后的预测偏差电量，结果如图 6-5 所示。

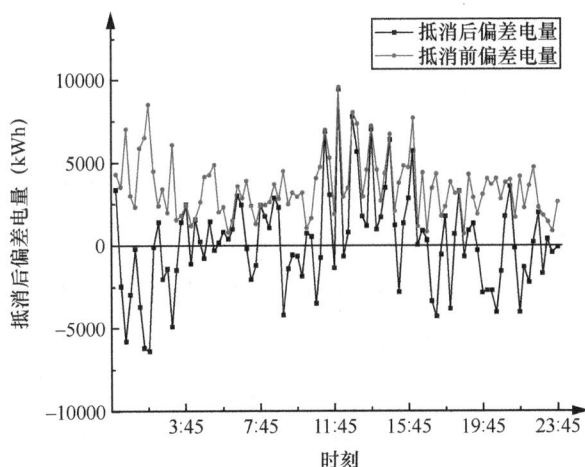

图 6-5　多个市场主体正负偏差抵消电量

在此基础上计算偏差抵消比例，平均正负偏差抵消比例为 39.62%，各时刻的正负偏差抵消前后的偏差电量对比如图 6-5 所示。

2. 共享储能服务定价结果

通过对各市场主体向共享储能运营商购买偏差互保服务的价格进行调研，按照平均偏差电量进行收费，服务价格范围为 0～0.97 元/kWh，愿意购买偏差互保服务的市场主体比例随着定价的升高而降低，当共享储能偏差互保服务的定价超过 0.97/kWh 时，则所有的市场主体不再愿意购买偏差互保服务。共享储能偏差互保服务定价与用户购买意愿的关系如图 6-6 所示。

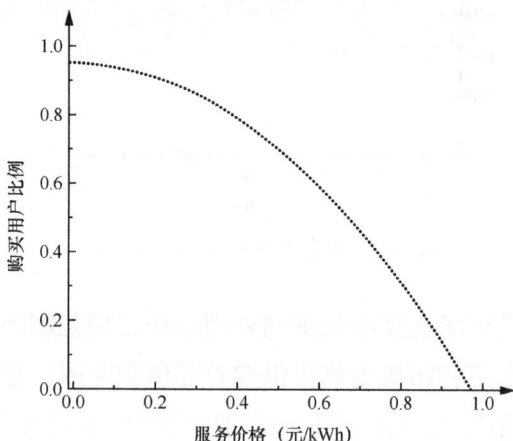

图 6-6　共享储能偏差互保服务定价与用户购买意愿的关系

根据调研电池储能的全寿命周期充放电度电成本在 0.4～1.35 元/kWh，本章按照 0.05 元/kWh 递增分别计算各度电成本下的储能收益情况。计算结果表明随着储能度电成本的增加共享储能运营商的总体收益呈现先增加后减少的趋势，随着偏差互保服务价格的增加共享储能运营商的收益呈现先增加后减少的趋势。当电池储能的全寿命周期充放电度电成本为 0.6 元/kWh，偏差互保服务价格为 0.28 元/kWh 时，共享储能运营商收益达到最大为 6.63 万元。共享储能收益与储能成本、服务定价的关系如图 6-7 所示。

以共享储能运营商收益最大为目标，分别计算不同电池储能的全寿命周期充放电度电成本下的最优定价，当储能度电成本为 0.4 元/kWh 时，最优定价为 0.34 元/kWh，共享储能运营商收益为 3.73 万元；当储能度电成本为 0.45 元/kWh 时，最优定价为 0.33 元/kWh，共享储能运营商收益为 5.34 万元；当储能度电成本为 0.5 元/kWh 时，最优定价为 0.31 元/kWh，共享储能运营商收益为 5.98 万元；

当储能度电成本为 0.55 元/kWh 时，最优定价为 0.28 元/kWh，共享储能运营商收益为 6.45 万元；当储能度电成本为 0.6 元/kWh 时，最优定价为 0.28 元/kWh，共享储能运营商收益达到最大为 6.63 万元。之后随着储能度电成本的增加，最优定价保持 0.28 元/kWh 不变，共享储能的收益逐渐减少。共享储能收益与偏差互保服务定价的关系如图 6-8 所示。

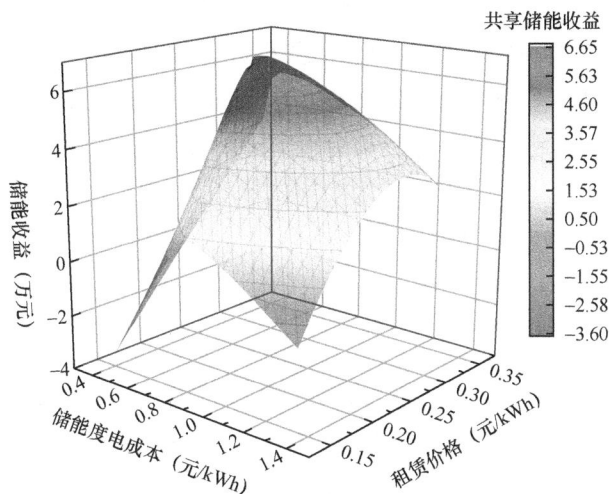

图 6-7　共享储能收益与储能成本、服务定价的关系

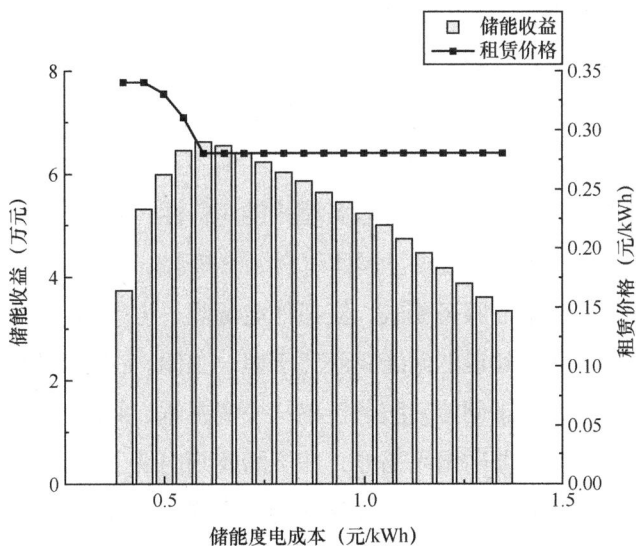

图 6-8　共享储能收益与偏差互保服务定价的关系

◆第7章

政策建议与展望

前述章节研究结果表明，本章提出的考虑平衡调节需求的共享储能购电优化服务、曲线追踪服务和偏差互保服务模式可行，且共享储能运营商的收益较好。但是，共享储能服务模式的实施还需要配套的市场机制和相关政策提供支撑。本章围绕共享储能新业态、新模式先行先试，保障共享储能商业模式落地的配套市场机制，制定共享储能运营商及其相关利益主体的市场行为规范等从政策、市场机制和运营管理等方面提出建议，以期为共享储能持续发展提供帮助。

◆ 7.1 总　　结 ◆

共享储能作为新型储能发展的创新业态，在解决市场环境下工商业用户用电高峰与高电价时段重合导致用电成本升高，新能源高比例大规模接入电网带来消纳受限，新能源和电力用户供需双侧随机性导致的发用电功率预测精度不高和偏差电量难以平衡等问题方面发挥着重要作用。在电源侧、电网侧和用户侧的储能建设实践中，我们发现部分储能项目出现了储能利用率低、盈利模式单一和经济效益不佳等问题，导致市场对储能的投资积极性不高。为解决上述问题，本章以共享储能运营商视角提出了面向工商业用户的购电优化、面向新能源企业的弃电曲线追踪和面向多市场主体的偏差互保三种共享储能的服务模式，通过建模推演论证了上述三种服务模式的可行性，并从政策、市场机制和运营管理等方面提出了相关建议。具体研究结论如下：

（1）对于共享储能的服务模式，应抓住电源侧、电网侧、用户侧等多主体的服务需求，但不建议建设的储能只服务于单一主体。在电源侧、电网侧、用户侧单独建设储能，由于储能只服务于单一投资主体，储能投资主体根据系统运行和市场环境，在需要时调用储能，在不需要则出现了储能闲置状态，导致储能投资不能快速回收。因此，以共享储能的形式，将沉睡的储能资源整合起来，为电源侧风光互补发电系统等新能源提供减少弃电、联合参与现货交易、避免预测偏差、降低深度调峰和调频辅助服务分摊费用、提升火力发电等常规电源深度调峰和调频能力等服务；提高辅助服务市场收入；为系统提供调峰、调频和备用等辅助服务，同时为系统提供容量备用；为用户提供储能削峰填谷、需求响应服务，降低大工业用户容量电费。

（2）共享储能为工商业用户提供购电优化服务，解决了工商业用户用电高峰时段与电力市场价格时段重合，用户购电成本升高，市场化购电决策难度大等问题。提高了工商业用户参与年度交易、月度交易、月内交易和现货交易等多市场购电决策的能力，本章建立的考虑共享储能的工商业用户多市场购电优化决策模型，能够为共享储能联合工商业用户进行购电决策、共享储能确定最优充放电策略和购电优化服务定价提供了理论方法。在模型验证中发现共享储能为电力用户提供购电优化服务，随着共享储能容量租赁价格的升高，用户对共享储能的租赁需求降低，共享储能的收入也随之减少。在共享储能为电力用户提供购电优化服务按照所需充电的容量进行定价时，考虑共享储能租赁价格与储能租赁容量需求的关系，为共享储能服务定价提供了理论参考值。

（3）共享储能为新能源企业提供曲线追踪服务，解决了新能源保障性收购电量比例逐渐减少，以弃电价格并网消纳的电量逐渐增多情形下新能源以弃电价格售出电量导致的收益不佳问题。本章探索了共享储能与新能源开展弃电曲线追踪交易的新品种，建立了考虑新能源弃电曲线挂牌和共享储能弃电曲线摘牌的弃电曲线追踪交易模型，演绎了共享储能与新能源之间的交易过程，进而建立了考虑共享储能的新能源弃电曲线追踪优化模型，为共享储能参与新能源弃电曲线追踪交易提供模型支撑。新型电力系统建设对传统电力系统平衡方式产生了深刻影响，传统以源随荷动的平衡控制方式将向源荷互动、源储互动、荷储互动和源网荷储互动的平衡方式转变。共享储能作为优质的平衡调节服务主体，应在源网荷储互动理论基础上不断丰富平衡控制方式，为我国新型电力系统建设，促进新能源高比例、高质量发展作出贡献。

（4）共享储能为多市场主体提供偏差互保服务，将保险经济学理论应用到电力市场中，设计了面向多市场主体的共享储能偏差互保服务模式，解决了多市场主体电量预测精度低、购售电交易偏差电量大导致的偏差考核成本较高问题。本章针对共享储能偏差互保服务的个体可能出现的偏差和群体出现偏差的概率进行了量化表征，进而构建了共享储能偏差互保服务的优化决策与定价模型，为共享储能开展偏差互保服务提供了决策支撑。在模型计算中，基于数据验证了模型有效性,发现了随着储能度电成本和偏差互保服务的增加共享储能运营商的总体收益呈现先增加后减少的符合理论值的趋势。虽然在当前的市场条件下,共享储能偏差互保服务模式还未得到实践验证,但我们相信随着相关政策和市场机制的不断完善,共享经济的理念会在电力市场实践中开花结果,共享储能偏差互保服务模式会成为新的业态。

7.2 政 策 建 议

7.2.1 产业政策建议

(1)支持共享储能新业态、新模式先行先试。随着共享储能概念于 2018 年由青海首次提出,"资源聚合,一站多用"的共享储能新业态迅速在能源行业脱颖而出,加之国家及各省层面均把共享储能作为重要发展方面。在顶层设计和优质概念的双重作用下,大量企业纷纷备案共享储能项目,根据中国招标投标公共服务平台等数据,2023 年 1～6 月全国共享储能项目中标数达到 126 个,是 2022 年 1～6 月的 29 个中标项目的 4.3 倍。然而这和我国储能的装机容量增长速度并不匹配,如何让现有共享储能项目做到平稳落地并有效先试先行值得深思。

第一,避免恶性竞争,回归商品属性。大量主体进入市场难免会引起恶性竞争,导致项目成果不佳。前述章节分别提出共享储能向用户主体、新能源主体以及多主体提供服务定价方法建议,加速共享储能市场化进程,进而与我国电力市场化改革接轨。

第二,结合资源禀赋,开展多元化试点。我国地大物博,不同地区的资源禀赋及用能需求差异较大,例如西北地区风光资源丰富,共享储能将电源侧主体作为主要服务对象,服务新能源的需求。而我国中部和东南部则是负荷中心,将用户侧主体作为主要服务对象,服务电力用户的需求。

第三,具体政策指导,打通绿色通道。尽管共享储能利好政策频发,但大多为方向性、指引性政策,共享储能项目如何切实落地并形成商业模式的闭环仍需具体政策支撑。

第四,分散资源调度管理。共享储能相较于传统储能运行上的衔接更加复杂,要充分发挥机构的监管作用,构建产业协同发展新格局。

第五，新业态新人才。共享储能作为各种资源的聚合体涉及方向、专业众多，未来也将具有扩展就业渠道的作用，建议政府在人才培养方面重视相关学科交叉融合，加强高校产教融合、科教融合。

（2）完善保障共享储能商业模式落地的配套市场机制。根据国家发展改革委、国家能源局于 2022 年印发的《关于进一步推动新型储能参与电力市场和调度运用的通知》（发改能源规〔2021〕1051 号），共享储能可以独立或与新能源场站联合参与现货市场和中长期市场，可以提供调频、调峰、爬坡和黑启动等服务参与辅助服务市场，加之共享储能也是在建容量市场的重要主体，因此完善保障共享储能商业模式落地的配套市场机制，推动共享储能市场化至关重要。

目前，我国共享储能商业模式单一，绝大部分储能只通过调峰辅助服务获利，市场机制不完善是制约储能盈利空间的重要因素，例如个别省份辅助服务市场只包含调峰辅助服务，极大程度上制约了共享储能新型商业模式的发展空间。为有效解决共享储能"重建设轻运行"的发展障碍，本章从以下两方面提出政策建议。从电力市场角度而言，一是要加速完善市场机制建设，注重储能市场价值的体现，做好共享储能参与各类市场统筹设计，实现各市场间的有效衔接；二是要适度降低储能参与现货、中长期和辅助服务市场的准入限制，丰富储能参与市场交易品种，如备用辅助服务，跨省调峰、惯量支撑等；三是要强化储能的主体地位，在顶层设计上给予共享储能重要独立主体的市场地位，并激励共享储能主体积极探索发展新模式，实现顶层设计和摸着石头过河的良性互动，从而不断完善和优化共享储能产业发展的市场环境。从共享储能内部体系而言，重点在于完善共享储能的价格机制和成本传导机制，打通储能商业模式的闭环，使共享储能的收益能够完全覆盖成本，通过政策倾斜鼓励并吸引社会资本进入储能行业，保障储能体系具备长期的、稳定的独立运营能力。以上关于市场机制的建议仍需通过示范项目和试点地区先试先行，不断优化改进市场机制和政策方针，促进现货、中长期和辅助服务市场的全方位发展，完善共享储能商业模式，拓宽储能交易场景。

（3）制定共享储能运营商及其相关利益主体的市场行为规范。根据上述章节研究可知，共享储能的直接相关利益主体覆盖工商业用户和新能源场站，与此同时共享储能为二者提供服务能够促进新能源消纳，帮助用户进行需求响应，还可以通过提供辅助服务帮助电网提升电能质量，维持电网功率稳定，直接和间接对电网产生正向效益。因此共享储能的利益主体覆盖源网荷各侧，有效的监管机制和市场行为规范是保障共享储能商业模式安全、稳定、高效运营的重要手段，从而保护市场主体利益，保障市场秩序。

首先，建立监管机构。精准把握储能及电力市场相关政策落地情况，制定监督工作台账，紧盯相关利益主体政策出台至落地全过程的执行、运行情况。在监督过程中，重点关注国家与地方政策的衔接、行业、产业与商业模式衔接，及时规范出现的不正当市场行为，为共享储能运营商及其相关利益主体提供坚实保障。其次，建立共享储能平台。积极推进组织建设统一建设开发的共享储能服务管理平台，对不同规模、不同地域、不同业务的共享储能运营商进行统一管理，实现资源共享、信息共享、技术交流和服务交易等多种功能，共同促进新业态新模式的发展。然后，针对共享运营商，将合作共赢视为中心理念，以时间、空间、响应速度等为依据科学合理的对不同储能资源进行调度，并在业务完成后对利润进行公平分配，以共享储能整体利益最大化为目标，保障内部团结统一。最后，针对相关利益主体。应自觉遵守与共享储能运营商签订的合约，服从政府及监管机构的监督管理，与各类市场主体公平竞争，共同营造良好发展环境。

7.2.2　市场机制建议

随着储能产业和电力市场的发展，共享储能可以以直接交易模式或聚合模式参与电能量、辅助服务、需求侧互动响应、容量等不同市场。其商业模式拓展的关键是共享储能直接交易模式参与市场的准入条件不断明确，包括储能的并网电压等级、容量规模、可调节时长、调节速度等指标和技术特征分类。

从控制方式来看，共享储能参与市场的形式主要有两种：一是作为自主响应主体参与市场，应满足电力市场交易规则的基本准入条件和调节容量要求，即可参与中长期市场和现货市场；二是作为直接调控主体参与市场，接受调度指令，应达到与常规机组同等的安全调控技术标准。参与现货市场的，还需另外满足调节速率的要求；参与调峰市场的，在满足电能量市场准入条件的基础上，还需满足调节速率、调节容量、系统运行所需的可观、可测、可控条件，能够达到连续曲线跟踪的要求；参与调频市场的，在满足调峰市场全部条件下，还需满足调频响应对调节速率、频繁转向、快速响应的更高要求。

（1）共享储能联合火力发电参与辅助服务市场。通过逐步健全调频市场机制，完善调频辅助服务市场交易规则，激励"火力发电+储能"主体联合参与调频市场，综合考虑调频里程、调频性能参数，调频速度因素制定差异化结算规则，引导调频综合性能指标较好的"火力发电+储能"积极参与调频辅助服务市场，获得更好的市场收益。调频市场的有关费用成本由火力发电、水力发电、新能源等所有发电企业、市场化用户按一定比例系数分摊。创新中长期调频产品，设计周前或者月前调频市场。储能在中长期调频市场中标后在规定时间提供足够的调频容量，根据调频里程向储能支付调频里程补偿。

（2）共享储能联合风光互补发电系统参与电能量市场。积极推进"风光+储能"联合参与电能量市场，签订带曲线的分时段中长期合同，利用配套储能灵活调节能力平滑新能源中标功率曲线，减少偏差考核风险。未来要适度拉大峰谷价差，合理调整中长期市场上下限价格，激励储能配合新能源更好地执行中长期分时段交易，利用峰谷、分时段电价差回收成本、赚取市场收益，提高新能源中长期交易履约能力。

逐步推进省内市场中长期连续运营，探索按日连续开市，交易周期从年度、月度逐步细化到周、日，交易方式涵盖集中竞价、滚动撮合、挂牌等，为"风光+储能"提供更加精细的交易调整方式。探索"风光+储能"分时段能量块交易、新能源与储能打捆交易品种，激励储能主动跟踪新能源功率曲线，避免偏差考核风险，助力挖掘新能源外送空间，争取获得更好的中长期交易电量。交易合同中明确有关费用收益分摊机制，保障储能的合理收益。

新能源与共享储能可以以报量不报价方式（单边）作为价格接受者参与现货市场，根据日前市场出清结果安排功率计划，实时市场根据调度指令安排充放电计划，其实际执行与功率计划的偏差要承担偏差考核责任。逐步探索新能源与共享储能联合以报量报价方式（双边）参与现货市场，储能自主申报充放电状态量价曲线、充放电运行上下限等信息，市场运营机构根据系统需求集中优化决策储能充放电计划。

（3）共享储能直接参与电能量、辅助服务和容量市场。积极推进电网侧独立储能参与中长期分时段交易，逐步拉大峰谷价差、中长期市场上下限价格，利用峰谷、分时段电价差为独立储能回收成本、赚取市场收益提供空间。设计多样的分时段能量块交易品种，鼓励电网侧独立储能参与灵活小时块交易，发挥储能可平移、稳定的充放电特性获取分时段价差收益。推动电网侧独立储能主要以报量不报价方式（单边）作为价格接受者参与现货市场，根据日前市场出清结果安排功率计划，实时市场根据调度指令安排充放电计划，其实际执行与功率计划的偏差要承担偏差考核责任。鼓励具备条件的地区适度放开现货市场限价，推动现货市场与深度调峰市场逐步融合，激励电网侧独立储能通过现货市场获取价差收益。

建立完善共享储能参与调峰、调频、备用市场机制。共享储能接受调度机构统一调控，满足电力系统不同时间尺度的调节需求。设计独立储能参与的尖峰、低谷时段市场合约，根据实际调用结果和合约价格获得调峰服务补偿，发挥储能的削峰填谷和顶峰发电作用。完善市场机制，逐步建立交易周期涵盖日前、日内，交易申报方式涉及调峰能力以及价格等信息，集中竞价、统一边际电价出清的调峰辅助服务市场，事后按照中标量与出清价格开展结算。

将共享储能纳入中长期电力电量平衡，共享储能通过以市场为主的容量补偿机制回收固定成本，容量费用由电力用户分摊。具备条件的地区探索建立覆盖多年、年度、月度的容量市场，共享储能结合电力系统容量需求曲线，根据响应特性自主选择参与不同周期的容量市场竞价交易。

7.2.3 运营实践建议

（1）明确市场定位，加强多元化合作能力。共享储能作为平衡调节服务的提供者，首先应明确市场定位，以服务者的身份加强与发电企业、电力用户、售电公司和电网企业的合作，一方面，共享储能运营商可为在电网侧、电源侧和用户侧已建设的储能基础设施提供运营、运维服务；另一方面，可以灵活采用储能容量租赁、合同能源管理、公共私营合作制模式和融资租赁等多种合作方式在电网侧、电源侧和用户侧新建储能。同时，共享储能可以作为售电公司、负荷聚合商和虚拟电厂运营商等身份开展业务，或为其他售电公司、负荷聚合商和虚拟电厂运营商等提供储能调节资源，由售电公司等利用共享储能的调节资源向用户提供服务。

（2）抓准市场需求，拓展广泛的盈利模式。共享储能的可持续发展离不开具有良好盈利能力的商业模式，而打造商业模式的第一步是要抓住市场需求，围绕市场需求定制服务产品才能在更广大的范围内获得收益。本章研究考虑平衡调节需求的共享储能服务模式，正是从市场需求出发，清晰掌握新能源企业、电力用户等多主体的需求，设计了共享储能购电优化、曲线追踪和偏差互保等服务模式。所谓有需求则有市场就是在掌握市场环境基础上，挖掘市场主体的痛点、提供解决方案正是了解用户需求的必经过程，在不断的实践过程中拓展自身的盈利模式。

（3）打造核心技术，提升自身市场竞争力。共享储能运营涉及设备感知、产品设计、优化决策和服务定价等多项技术要求。设备感知是掌握自身资源的关键，基于物联网打造共享储能监控平台，快速精准的了解分散在不同地点不同时刻储能的调节能力、调节容量；产品设计是定义盈利途径的关键，明确为哪些主体提供哪些服务，才能精准的了解共享储能运营的预期收益；优化决策是指导储能设备运行的依据，根据市场实际情况动态制定储能的运行策略，给出储能电池的充放电计划；服务定价是综合用户意愿、市场潜力和优化决策情况确定服务产品的价格，合理的服务定价是保证良好收益的关键。

（4）紧密跟踪政策，提高市场化适应能力。随着我国电力市场建设，国家监管部门和市场组织机构从产业发展、市场机制、行业标准和运行规则等方面密集出台储能相关政策，发展机遇不容错过。共享储能作为新兴业态，其关键是要探索共享储能运营商如何参与市场，应积极响应市场准入条件，在电网接入规范、市场准入标准和信息安全要求等约束下建立快速响应机制。

（5）强化人才储备，建立全方位运营团队。共享储能运营不仅需要运行维护人员，还需要市场交易人员、服务设计人员。像股票交易员、基金管理员和保险精算师是金融行业的关键岗位，由于共享储能的经营区别于传统的电力生产，共享储能运营商既需要了解市场，又需要掌握电力系统运行技能，建议借鉴金融、互联网和咨询等行业的人才结构，储备共享储能运营所需的人才队伍。

7.3　储能发展展望

2017 年 11 月 6 日~17 日，《联合国气候变化框架公约》第 23 次缔约方大会上，23 个国家和地区已经淘汰或计划 2030 年完全淘汰燃煤电厂。自 2010 年以来，在全球拥有或建设燃煤电厂的 1675 家企业中，逾四分之一完全退出了煤电领域。这意味着将近 370 个大型火力发电厂、资产近 5000 亿美元，已经被逐步停产或淘汰。至今，已经超过五个国家的一些城市完全淘汰了燃煤发电，另有 18 个国家宣布计划在 2030 年前逐步淘汰燃煤发电，这个"零煤电地区"名单上包括北京和新德里。截至 2017 年 6 月，北京燃煤电厂的装机容量从 2009 年的 3245MW 已降至 0MW。特别是在 2014～2017 年这四年里，北京市陆续关闭了四座燃煤电厂，已实现 100%绿电。

习近平总书记于 2020 年 9 月在第七十五届联合国大会一般性辩论上向国际社会作出郑重承诺"力争 2030 年前二氧化碳排放达到峰值，努力争取 2060 年前实现碳中和"；于 2020 年 12 月在气候雄心峰会上提出"到 2030 年，中国单位国内生产总值二氧化碳排放将比 2005 年下降 65%以上，非化石能源占一次能源消费比重将达到 25%左右，森林蓄积量将比 2005 年增加 60 亿立方米，风力发电、太阳能发电总装机容量将达到 12 亿千瓦以上"的具体目标，吹响了能源革命的冲锋号。

到 2020 年底，中国的总装机容量将达到 220153kW，年增长 8.67%，其中火力发电装机 124645 亿 kW、年增 4.48%，核电装机 4989 亿 kW、年增 2.3%，水力发电装机 36963 亿 kW、年增 3.58%，风力发电装机 28172 亿 kW、年增 25.44%，光伏发电装机 25288 亿 kW、年增 19.06%，天然气发电、生物质发电、余温余压余气累计发电装机 1.5 亿 kW。此时，火力发电、新能源、清洁能源装机结构发生了重大变化。一是火力发电占比传统能源下降到 49.8%，由 2019 年的 59.2%历史性下降到 50%以内，而且纯煤电机组 2020 年成功控制在 10.95 亿 kW 左右。二是新能源装机占比传统能源达到 31%，2020 年比 2019 年上升了 11%。三是清洁能源占比传统能源跃升到 71%，2020 年比 2019 年上升了 30.2%。清洁能源、新能源占传统能源比重越来越大，煤电越来越少。新能源高比例成为我国能源电力系统的未来发展趋势。

新能源高比例情景下，储能系统因其响应速率快、调节精度高等特点，成为能源行业中提升电能品质和促进新能源消纳的重要支撑手段，受到越来越多的重视。并且由于储能技术的进步、产品质量的提高及成本的不断降低，储能技术已具备商业化运营的条件，尤其是多种电化学储能技术的发展逐步扩展了储能的应用领域。除了技术的进步，国家政策法规的颁布、电力市场改革的不断深化，也促进了电化学储能技术的应用推广。

本书通过对储能在国内及全球电力行业中的应用现状，对国内电化学储能产业政策发展进行总结，并介绍电化学储能的种类、技术路线以及系统集成关键技术。除此之外，针对发电侧，重点从功能、政策和应用项目等方面论述电化学储能技术在大规模新能源并网、火储辅助服务等有商业价值的应用场景。最后对电化学储能技术在未来能源系统中的前景和发展趋势进行展望，并在促进储能商业化运营及推广方面对储能企业提出了发展建议。

1. 新能源高比例情景下的挑战。

一是我国资源和需求逆向分布。风光资源大部分分布在"三北"地区（即我国的东北、华北和西北地区），截至 2019 年年底国家电网公司经营区内，新能源装机占电源总装机的 23.4%，其中青海、甘肃新能源装机占总装机容量的 50%和 42%，已成为本省第一大电源，宁夏、新疆、蒙东、冀北等地区新能源装机占总电源装机容量均超过了 30%，水能资源主要集中在西南地区，而用电负荷主要位于中东部和南方地区，由此带来的跨省区输电压力较大。

二是可再生能源高速发展与用电增速不匹配，灵活性资源不足，电网安全稳定运行风险加大。目前，共 21 个省份新能源成为第一或第二大电源，但新能源发电具有间歇性和随机性，高比例新能源并网需要大规模、稳定、可调节的电源进行调峰。随着新能源电源的快速发展，电力系统调峰能力不足已不是个别省份的问题，高占比的新能源装机给电力系统带来了严峻的调峰挑战，与此同时新能源装机占比呈现上升态势，电网的安全稳定运行风险日益加大，亟须储能等灵活性调节资源来补充日趋紧张的调峰资源。

三是新能源功率波动大，电力系统调峰压力增加。随着电力系统用电负荷增加，负荷峰谷差呈现增大趋势，尖峰负荷短而高；同时高比例新能源的接入加剧了峰谷增大的态势，发电侧跟踪响应电网频率变化的一次调频能力逐步降低，导致主网短路容量大幅下降和无功分层分区平衡能力弱化，对电网电压支撑和调节能力造成了极大的负面影响，单纯依靠增加传统稳定电源来解决尖峰负荷时段供应能力不足的问题，需要付出极大的经济代价。

2. 灵活性资源在电力系统中的作用

随着新能源在我国能源结构中的占比日益升高，在电力电量平衡方面，新能源从"锦上添花"变为与传统火力发电"并驾齐驱"，并在将来成为"中流砥柱"，而火力发电机组由主要的供能者变为辅助供能者。与传统火力发电、水力发电等主动电源相比，风、光等新能源受自然条件影响，不能随意改变其功率，因此新能源在发挥其清洁替代和节能减排效益的同时，其波动性和间歇性也严重加剧了电力系统的不确定性。高比例新能源情景下，电力系统不确定性增加的同时，调节能力降低，为应对该问题，储能、需求侧响应（电动汽车、可控负荷）等灵活性资源不断涌现，尤其是随着成本的下降，具有"源""荷"双重特性的储能系统大规模应用到电网中。

因此高比例新能源情景使得传统电力系统运行过程产生巨大变革：①源荷平衡模式由传统的主动电源跟踪负荷变为主动电源与灵活性资源弥补被动电源波动以跟踪负荷；②主动电源比例降低，机组组合阶段有功平衡较难满足；③分布式电源产生的双向流问题导致网络成为制约高比例新能源并网的重要因素，应对有功波动问题由传统集中控制变为分布自治与统筹相结合。

为解决上述关乎于未来电力系统运行方式的问题与挑战，必须改变原有解决问题的思路：高比例新能源情景下，源荷侧极大不确定性使得传统从容量角度评估新能源消纳能力的方法不再适用，容量占比高，弃风、弃光率也高成为部分地区面临的尴尬现实，从电力系统运行角度寻找更加切合实际的评价方法至关重要；储能系统等灵活性资源参与长期规划已大势所趋，仅考虑可再生电源或者储能的单一类型资源的规划、直接利用容量包络的传统电源规划不再适用于高比例新能源的场景，要满足能源政策要求，必须将传统能源、新能源资源协同考虑，储能系统的价值在长期规划问题中如何体现值得深究；新能源分布式接入配网导致双向流的产生，网络成为制约其消纳的重要因素，而储能等灵活性资源能够增加能源供需系统柔性、弹性、灵活性等，服务于用能系统动态供需平衡的资源。系统能够通过灵活性资源的快速、准确地调控，实现自身的供需平衡，同时满足多元化的能源供需要求，在此背景下储能系统如何配置，电力系统应以何种策略应对值得探讨。

3. 储能技术发展的主要关注点

一是储能技术特性与经济特性。从配置灵活性、调节性能和经济特性三个方面对各类储能技术进行对比：抽水蓄能、压缩空气储能等机械储能建设条件要求高、规模效益明显、主要适用于日周期以上调节；超导磁储能和超级电容器储能等电磁储能寿命长、效率高，但投资成本高、放电时间短，技术应用有待验证；铅酸电池、钠硫电池、全钒液流电池和锂离子电池等电化学储能能量密度高、成本下降快、调节能力强，但容量小、循环次数少、寿命较短。综上所述，随着相关技术的成熟，电化学储能成本降低，前景较好，但是目前仍不可持续运营，经济性有待突破。

　　二是储能相关政策与市场机制分析。国外对储能的激励政策主要有投资税收减免、电价补贴、发电权奖励和电费折扣等。国内从能源战略、产业发展和市场机制等多个方面积极促进储能技术与产业发展。国家及各省陆续出台产业支持政策，储能等灵活性资源不断被市场接纳。其中，储能参与调峰、调频辅助服务，减免新能源和电力用户偏差考核，风光水火储打捆交易等市场机制在部分省份均有试行规则。

　　三是储能在新能源电站的应用。根据储能技术特征和应用特点，储能在新能源电站的应用可分为"能量型"和"功率型"两种。其中，能量型应用场景包括辅助新能源电站调峰、缓解弃风弃光和平抑新能源功率波动等；功率型应用场景包括一次调频（ACE）、二次调频（AGC）、功率控制和动态无功支撑等。目前储能在新能源电站应用还缺少补偿机制，未来新能源电站将核定保障性小时数，通过配置储能增加市场化部分的电量和收益是储能在新能源电站应用的主要考量因素。

　　四是储能项目经济性分析。通过对国内在建和投运的电源侧储能、电网侧储能、用户侧储能和独立储能等项目的调研与经济性分析，研究发现多数储能项目受补偿机制不完善、峰谷电价差小、初始投资高、储能电池衰减快以及政策规则风险不可控等诸多因素影响项目推进缓慢、盈利能力较弱。但是，随着现货市场建设、中长期"六签"工作开展和辅助服务市场不断完善，利用市场化手段拉大峰谷价差，配置储能减少各类电源在市场交易中的偏差考核、提高合同履约和市场竞价能力，风光水火储打捆参与电力市场，成为满足储能投资经济性的最可行方案。

　　五是集团公司储能发展现状。目前集团各区域公司在储能与火力发电联合调峰调频、新能源配置储能减少弃电、区域综合能源和微电网等方面开展了储能的示范应用。各区域公司积极争取当地政策支持，创新商业运营模式，通过退役动力电池梯次利用、与电池厂商多形式合作、全方位服务终端用户等积极工作，保证了示范项目的健康运行。但仍未形成可持续、可复制、可推广的储能投资范式。

4. 储能发展的意见建议

　　一是加强储能经营模式的探索和尝试。紧密结合集团各区域电源结构特点，开展风光水火储一体化大型清洁能源基地建设，探索"风光+在运火力发电+储能"打捆参与跨区跨省外送和省内电力市场的经营模式。紧跟市场化改革步伐，推进集团公司综合能源战略，尝试面向大型终端用户建设区域综合能源、并网型微电网、虚拟电厂和增量配电等源网荷储一体化运营项目。

二是打造聚合资源、共享运营的储能投资范式。坚持"高品高用、低品低用"原则，通过新建储能电站、退役电池梯次利用、聚合虚拟储能等多渠道获得储能资源，降低储能投资成本，提高储能电站利用效率；坚持"开放共享、多方共赢"原则，面向电网、火力发电、新能源和电力用户等多元主体提供储能灵活性调节服务，保证储能投资的多渠道效益回收，提升储能电站的盈利能力。

三是积极争取各地多形式的储能投资支持政策。国家及各省陆续出台储能产业支持政策，包括电价补贴、电量补贴、新能源资源补贴以及一次性政策补贴等多形式的支持政策。建议各区域公司加强储能相关政策的学习，立足各省实际情况，提高站位，探索政企共赢的储能投资模式，积极争取支持政策。

四是做好适应储能市场化的准备工作。国家发展改革委、能源局多次发文强调，储能等灵活性资源是未来电力市场的重要成员。相关规则规定无论在发电侧还是在用户侧，储能都可以作为独立主体参与辅助服务市场交易，同时鼓励发电企业、售电企业和电力用户，电储能企业等第三方投资建设电储能设施。目前各个省都在研究和发布相关的实施细则，包括辅助服务市场规则、现货市场规则和电力中长期市场规则等。建议公司提前布局研究相关的市场规则和报价策略，适应市场发展要求，以获得最优市场红利。

五是积极开展多形式电化学储能示范项目建设。电化学储能能量密度高、成本下降快、调节能力强、技术发展快，且初始投资小、配置灵活。积极开展多形式电化学储能示范项目建设，能够有效加强公司对储能投资策略的把握，通过强化隐性收益的评估，从政府补贴、储能造价和发电电价中准确寻找经济分析的平衡点，从政策研究和公司发展需求积极寻找储能投资切入点，建立公司储能优化投资策略工作机制，快速适应市场化改革和综合能源服务的新要求。

六是适当开展大型储能电站项目的布局。新能源高比例情景下，未来储能等灵活性资源一定是电力系统优质且短缺的资源。大型储能电站（例如：抽水蓄能、压缩空气储能、相变储能等）对电力系统安全、经济、可靠、高效运行具有重要的作用，伴随技术进步和成本下降，储能在未来高效电力系统中将成为必不可少的重要组成部分。从全球和我国储能装机容量快速发展趋势和我国相关政策来看，储能资源将是未来电力企业竞争的主要战场，建议公司把握机遇、迎接挑战，适当开展大型储能电站项目的布局。

7.4　未来研究展望

共享储能商业模式的实践仍需系统的产业政策支持、发展规划指导和市场配套。"十四五"时期是我国新能源发展的关键时期，是实现碳达峰的关键历史窗口，既要大规模开发新能源，又要在保障电力安全可靠供应基础上促进新能源消纳。在新型电力系统建设和电力市场化改革实践中共享储能将扮演重要角色，未来共享储能可以联合火力发电参与辅助服务市场，联合风光互补发电系统参与电能量市场，联合用户参与电能量市场，直接参与电能量、辅助服务和容量市场。共享储能新业态的提出将突破传统单一主体建设储能的发展瓶颈，共享储能通过为多元化的市场主体提供多样性的服务实现良好的投资经济回报，进而催生共享储能产生新业态。

为使共享储能商业模式能够健康良好发展，在相关政策方面，建议支持共享储能新业态、新模式先行先试，完善保障共享储能商业模式落地的配套市场机制，制定共享储能运营商及其相关利益主体的市场行为规范；在市场机制方面，建议共享储能联合火力发电参与辅助服务市场，共享储能联合风光互补发电系统参与电能量市场，共享储能直接参与电能量、辅助服务和容量市场等配套机制；在共享储能运营方面，建议加强储能经营模式的探索和尝试，打造聚合资源、共享运营的储能投资范式，积极争取各地多形式的储能投资支持政策，做好适应储能市场化的准备工作，积极开展多形式电化学储能示范项目建设，适当开展大型储能电站项目的布局。

参 考 文 献

[1] Andre Ter-Gazarian. 电力系统储能[M]. 周京华, 陈亚爱, 孟永庆, 译. 北京: 机械工业出版社, 2015.

[2] 汪海涛. 多阶段规划工业园区的双重功能共享储能配置[J]. 电力安全技术, 2021, 23(2): 40-47.

[3] 苏浩田. 基于共享储能策略的商业园区综合能源系统经济优化研究[D]. 太原: 太原理工大学, 2021.

[4] Simon C, Müller, Isabell M, Welpe. Sharing electricity storage at the community level: An empirical analysis of potential business models and barriers[J]. Energy Policy, 2018, 118: 492-503.

[5] 冯亮, 鉴庆之, 田浩, 等. 考虑共享储能容量衰减的零碳园区优化调度与经济性评估[J]. 电力建设, 2022, 43(12): 112-121.

[6] Awnalisa Walker, Soongeol Kwon. Analysis on impact of shared energy storage in residential community: Individual versus shared energy storage [J]. Applied Energy, 2020, 282: 116172.

[7] 邱永浩. 储能微电网及云储能技术在电网中的应用研究[D]. 成都: 西南交通大学, 2021.

[8] 刘静琨, 张宁, 康重庆. 电力系统云储能研究框架与基础模型[J]. 中国电机工程学报, 2017, 37(12): 3361-3371, 3663.

[9] 康重庆, 刘静琨, 张宁. 未来电力系统储能的新形态: 云储能[J]. 电力系统自动化, 2017, 41(21): 2-8, 16.

[10] 张巍, 缪辉. 基于云储能租赁服务的风储参与能量－调频市场竞价策略研究[J]. 电网技术, 2021, 45(10): 3840-3852.

[11] 陈婷. 基于云储能的新能源发电侧储能规划与优化调度研究[D]. 上海: 上海电力大学, 2022.

[12] Jungsub Sim, Minsoo Kim, Minsoo Kim. Cloud Energy Storage System Operation with Capacity P2P Transaction[J]. Energies, 2021, 14(2): 339.

[13] 谢昌鸿. 考虑虚拟储能系统的智能微网电池储能系统优化配置研究[D]. 广州: 广东工

业大学, 2022.

[14] Shengyang Zhong, Jing Qiu, Lingling Sun, et al. Coordinated planning of distributed WT, shared BESS and individual VESS using a two-stage approach[J]. International Journal of Electrical Power & Energy Systems, 2020, 114: 105380.

[15] Dongwei Zhao, Hao Wang, Jianwei Huang, et al. Virtual Energy Storage Sharing and Capacity Allocation[J]. IEEE Transactions on Smart Grid, 2020, 11(2): 1112-1123.

[16] 赵远程. 温控负荷的虚拟储能特性分析及控制策略研究[D]. 天津: 天津大学, 2018.

[17] Xiaolong Jin, Yunfei Mu, Hongjie Jia, et al. Dynamic economic dispatch of a hybrid energy microgrid considering building based virtual energy storage system[J]. Applied Energy, 2017, 194: 386-398.

[18] Esteban A. Soto, Lisa B. Bosman, Ebisa Wollega, et al. Peer-to-peer energy trading: A review of the literature[J]. Applied Energy, 2021, 283: 116268.

[19] Chenghua Zhang, Jianzhong Wu, Chao Long, et al. Review of Existing Peer-to-Peer Energy Trading Projects[J]. Energy Procedia, 2017, 105: 2563-2568.

[20] Chenye Wu, Dileep Kalathil, Kameshwar Poolla, et al. The Sharing Economy for the Electricity Storage[J]. IEEE Transactions on Smart Grid, 2019, 10(1): 556-567.

[21] 曾鸣, 王雨晴, 张敏, 等. 共享经济下独立储能商业模式及其经济效益研究[J]. 价格理论与实践, 2023(1): 179-183.

[22] Carlee Joe-Wong, Soumya Sen, Tian Lan, et al. Multiresource Allocation: Fairness–Efficiency Tradeoffs in a Unifying Framework[J]. IEEE-ACM Transactions on Networking, 2014, 21(6): 1785-1798.

[23] 董凌, 年珩, 范越, 等. 能源互联网背景下共享储能的商业模式探索与实践[J]. 电力建设, 2020, 41(4): 38-44.

[24] 李建林, 姜冶蓉, 张利军. 青海省电化学储能政策建议及商业模式探索[J]. 能源科技, 2021, 19(5): 7-12.

[25] 刘宗林. 基于区块链的共享分布式储能交易模式研究[D]. 上海: 上海交通大学, 2019.

[26] 李笑竹, 陈来军, 杜锡力, 等. 发电侧共享储能运营机制与交易模式研究综述[J]. 电气工程学报, 2023, 18(1): 188-200.

[27] 彭雪莹. 用户侧储能商业模式及投资收益分析[D]. 长沙: 长沙理工大学, 2021.

[28] 曹茜琳. 基于纳什议价博弈的用户侧共享储能优化配置研究[D]. 北京: 中国地质大学, 2022.

[29] P. Lombardi, F. Schwabe. Sharing economy as a new business model for energy storage systems[J]. Applied Energy, 2017, 188: 485-496.

[30] 冯奕, 田雨霏, 邵文珊. 基于商业画布理论的共享储能商业模式研究[J]. 现代商贸工业, 2023, 44(8): 63-65.

[31] Yanyan Tang, Qi Zhang, Benjamin Mclellan, et al. Study on the Impacts of Sharing Business Models on Economic Performance of distributed PV-Battery systems[J]. ENERGY, 2018, 161(12): 544-558.

[32] Xiaofeng Liu, Bingtuan Gao, Zhenyu Zhu, et al. Non - cooperative and cooperative optimisation of battery energy storage system for energy management in multi - microgrid[J]. ENGINEERING, ELECTRICAL & ELECTRONIC, 2018, 12(10): 1-9.

[33] Tom Brijs, Daniel Huppmann, Sauleh Siddiqui, et al. Auction-based allocation of shared electricity storage resources through physical storage rights[J]. Journal of Energy Storage, 2016, 7: 82-92.

[34] Wenyi Zhang , Wei Wei, Laijun Chen, et al. Service pricing and load dispatch of residential shared energy storage unit[J]. ENERGY, 2020, 202: 1-11.

[35] Faeza Hafiz, Anderson Rodrigo de Queiroz, Poria Fajri, et al. Energy management and optimal storage sizing for a shared community: A multi-stage stochastic programming approach[J]. Applied Energy, 2019, 236: 42-54.

[36] Bayram Islam-Safak, Abdallah Mohamed, Tajer Ali, et al. A Stochastic Sizing Approach for Sharing-Based Energy Storage Applications[J]. IEEE Transactions on Smart Grid, 2017, 8(3): 1075-1084.

[37] 欧明强. 适应新能源大规模接入的储能优化配置方法研究[D]. 北京: 华北电力大学, 2022.

[38] 李笑竹, 陈来军, 杜锡力, 等. 考虑退役动力电池衰减特性的集中式共享储能分级协调控制策略[J]. 太阳能, 2022, 5: 87-95.

[39] Ornella Pisacane, Marco Severini, Marco Fagiani, et al. Collaborative energy management in a micro-grid by multi-objective mathematical programming[J]. Energy and Buildings, 2019,

203. 109432.

[40] 马昱欣, 胡泽春, 刁锐. 新能源场站共享储能提供调频服务的日前优化策略[J]. 电网技术, 2022, 46(10): 3857-3868.

[41] Indre Siksnelyte, Edmundas Kazimieras Zavadskas. Achievements of the European Union Countries in Seeking a Sustainable Electricity Sector[J]. Energies, 2019, 12(12): 1-16.

[42] 何青, 高效, 张文月, 等. 美国德州电力市场零售电价套餐体系及启示[J]. 供用电, 2018, 35(12): 50-55.

[43] Kong Joo Shina, Shunsuke Managi. Liberalization of a retail electricity market: Consumer satisfaction and household switching behavior in Japan[J]. ENERGY POLICY, 2017, 110: 678-685.

[44] 国家发展改革委, 国家能源局. 国家发展改革委 国家能源局关于印发电力体制改革配套文件的通知[EB/OL]. (2015-11-30). [2023-03-20]. http://www.nea.gov.cn/2015-11/30/c_134867851. htm.

[45] 薛焜元. 考虑可再生能源电力消纳保障机制的售用侧市场主体购电策略研究[D]. 南京: 南京师范大学, 2021.

[46] 肖莺. 省级电网企业购电成本控制研究[D]. 长沙: 长沙理工大学, 2016.

[47] 徐玮, 康重庆, 揣小勇, 等. 基于不确定型电力电量平衡的电网企业购电成本分析[J]. 电网技术, 2006, 30(21): 15-20.

[48] 邵平, 郭艳敏, 高国宁, 等. 基于数据仓库技术的多口径购电成本分析系统[J]. 电力信息与通信技术, 2014, 12(9): 82-88.

[49] 张思蓉, 蔡文琴. 电网企业优化购电成本方法研究与实证分析[J]. 电力技术经济, 2006, 18(5): 21-27.

[50] Jongbaek An, Minhyun Lee, Seungkeun Yeom, et al. Determining the Peer-to-Peer electricity trading price and strategy for energy prosumers and consumers within a microgrid[J]. Applied Energy, 2020, 261: 114335.

[51] Sayyad Nojavan, Behnam Mohammadi-Ivatloo, Kazem Zare. Optimal bidding strategy of electricity retailers using robust optimisation approach considering time-of-use rate demand response programs under market price uncertainties [J]. IET Generation Transmission &Distributon, 2015, 9(4): 328-338.

[52] Bo Sun, Xudong Wu, Jingdong Xie, et al. Information gap decision theory - based electricity purchasing optimization strategy for load aggregator considering demand response[J]. Energy Science & Engineering, 2020, 9(2): 200-210.

[53] Yajing Gao, Xiaojie Zhou, Jiafeng Ren, et al. Electricity Purchase Optimization Decision Based on Data Mining and Bayesian Game [J]. ENERGIES, 2018, 11(5): 1063.

[54] 王蓉. 计及可再生能源配额制的购电策略研究[D]. 北京: 华北电力大学, 2009.

[55] Huang Hailun, Zheng Yan, Felix F. Wu, et al. Cost and risk management for a local distribution company in purchasing electricity[J]. European Transactions on Electrical Power, 2010, 20(8): 1101-1113.

[56] Simin Yu, Buying Wen, Liangyuan Wang, et al. Electricity purchasing strategy for the regional power grid considering wind power accommodation[J]. IEEJ Transactions on Electrical and Electronic Engineering, 2018, 13(8): 1110-1118.

[57] 王斌, 蒋闻, 王晋宇, 等. 电网企业购电的双向拍卖博弈模型研究[J]. 科技和产业, 2014, 14(1): 83-85.

[58] 国家发展改革委, 国家能源局. 国家发展改革委 国家能源局关于推进电力源网荷储一体化和多能互补发展的指导意见[EB/OL]. (2022-05-24). [2023-3-20]. https: //www. gov. cn/zhengce/zhengceku/2022-06/07/content_5694423. htm.

[59] 国家发展改革委, 国家能源局. 国家发展改革委 国家能源局关于印发《"十四五"新型储能发展实施方案》的通知[EB/OL]. (2022-01-29). [2023-03-20]. https: //www. gov. cn/zhengce/zhengceku/2022-03/22/content_5680417. htm.

[60] Chao Zhang, Yi-Li Wei, Peng-Fei Cao, et al. Energy storage system: Current studies on batteries and power condition system[J]. Renewable and Sustainable Energy Reviews, 2018, 82: 3091-3106.

[61] Mustafa Amiryar, Keith Pullen. A Review of Flywheel Energy Storage System Technologies and Their Applications[J]. Applied Sciences, 2017, 7(3): 286.

[62] A. G. Olabi, Tabbi Wilberforce, Mohamad Ramadan, et al. Compressed air energy storage systems: Components and operating parameters – A review[J]. Journal of Energy Storage, 2021, 34: 102000.

[63] 吴福保, 杨波, 叶季蕾. 电力系统储能应用技术[M]. 北京: 中国水利水电出版社,

2014: 1-212.

[64] 孟庆强, 李湘旗, 禹海峰, 等. 考虑源-荷不确定性的储能电站优化规划[J]. 太阳能学报, 2021, 42(10): 415-423.

[65] 周皓, 李军徽, 葛长兴, 等. 改善风电并网电能质量的飞轮储能系统能量管理系统设计 [J]. 太阳能学报, 2021, 42(3): 105-113.

[66] 樊国旗, 刘桂龙, 樊国伟, 等. 大规模虚拟储能模式平抑新能源功率预测误差研究[J]. 四川电力技术, 2021, 44(2): 19-23.

[67] 陈婷. 基于云储能的新能源发电侧储能规划与优化调度研究[D]. 上海: 上海电力大学, 2022.

[68] Min-Su Park, Yeong-Han Chun, Yu-Seok Lee. Estimation of Renewable Energy Volatility and Required Adjustable Speed Pumped Storage Power Generator Capacity Considering Frequency Stability in Korean Power System[J]. Journal of Electrical Engineering & Technology, 2019, 14(3): 1109-1115.

[69] 伍仰金, 郭茜婷, 郑传良, 等. 考虑储能共享的风光储集群联合优化运行及竞标策略[J]. 电气工程学报, 2023, 18(1): 219-227.

[70] 李建林, 黄际元, 房凯. 电池储能系统调频技术[M]. 北京: 中国电力出版社, 2018: 1-123.

[71] 王诗铭. 电网侧独立储能参与调频辅助服务市场关键问题研究[D]. 北京: 华北电力大学, 2022.

[72] 时智勇, 洪博文, 黄碧斌, 等. 配电网分布式储能运营模式及应用价值研究[J]. 电力需求侧管理, 2019, 21(5): 17-20, 25.

[73] 程鑫, 龚贤夫, 周姝灿, 等. 缓解网络阻塞的储能规划综合评价[J]. 高电压技术, 2021, 47(7): 2624-2635.

[74] 傅旭, 张雨津. 基于全生命周期的陕西电网电化学储能效益评估[J]. 油气与新能源, 2021, 33(6): 46-51.

[75] 关前锋, 王玉, 董剑敏. 电池储能电站电网侧经济效益及运行效益分析[J]. 南方能源建设, 2022, 9(4): 103-107.

[76] 于琳琳, 王传捷, 张峰, 等. 计及 SOC 均衡的电池储能参与电网一次调频自适应控制策略研究[J]. 可再生能源, 2023, 41(5): 685-691.

[77] 刘海山, 徐宪龙, 魏书洲, 等. 基于提升华北电网考核指标的飞轮储能参与调频划分电量控制策略[J]. 储能科学与技术, 2023, 12(4): 1176-1184.

[78] 何飞帆, 高文根, 於跃. 基于模糊控制的光伏微电网复合储能控制策略优化研究[J]. 重庆工商大学学报(自然科学版), 2023, 40(3): 56-63.

[79] 曹培芳, 张锋, 赵洪峰, 等. 新疆高光伏并网电网侧储能容量配置分析[J]. 水力发电, 2021, 47(5): 112-115.

[80] 梁帅, 张新燕, 胡建雄, 等. 用于提高电网中风电渗透率的混合储能容量优化分析[J]. 科学技术与工程, 2022, 22(28): 12432-12439.

[81] Junhui Li, Hongfei You, Jun Qi, et al. Stratified Optimization Strategy Used for Restoration With Photovoltaic-Battery Energy Storage Systems as Black-Start Resources [J]. IEEE ACCESS, 2019, 7: 127339-127352.

[82] Meera Sharma, Parag Nijhawan, Amrita Sinha. TS-Fuzzy Logic Based Power Quality Improvement of DG-BESS Based Standalone System. Journal of Electrical Engineering & Technology, 2022, 17(6): 3241-3262.

[83] 王运虎. 多侧储能协同清洁能源优化利用及利益协调模型研究[D]. 北京: 华北电力大学, 2019.

[84] Yixing Ding, Qingshan Xu, Yu Huang. Optimal sizing of user-side energy storage considering demand management and scheduling cycle[J]. Electric Power Systems Research, 2020, 184: 106284.

[85] Menglian Zheng, Christoph J. Meinrenken, Klaus S. Lackner. Smart households: Dispatch strategies and economic analysis of distributed energy storage for residential peak shaving[J]. Applied Energy, 2015, 147: 246-257.

[86] 陈恩玲, 王向文, 贾明潇, 等. 云储能用户在计划停电下的应急能源管理策略[J]. 电力建设, 2022, 43(5): 72-78.

[87] 田壁源, 常喜强, 徐海奇, 等. 共享模式下园区用户侧广义储能低碳经济调度策略[J]. 电力需求侧管理, 2022, 24(6): 99-105.

[88] Lijuan Chen, Tiantian Wu, Xiaohui Xu. Optimal Configuration of Different Energy Storage Batteries for Providing Auxiliary Service and Economic Revenue[J]. Applied Sciences, 2018, 68: 2633.

[89] 陈曦. 智能感知技术在电气工程上的应用研究[M]. 成都: 电子科技大学出版社, 2020: 1-161.

[90] 李静, 龙强, 臧志斌, 等. 北斗卫星导航系统在电力行业的应用研究[J]. 电力信息与通信技术, 2022, 20(10): 87-97.

[91] Zaigham Mahmood, Ricardo Puttini, Thomas Erl. Cloud Computing: Concepts, Technology & Architecture [M]. United States: Prentice Hall Press, 2013: 1-230.

[92] Massaoudi Mohamed, Abu-rub Haitham, Refaat Shady-S, et al. Deep Learning in Smart Grid Technology: A Review of Recent Advancements and Future Prospects[J]. IEEE Access, 2021, 9: 54558-54578.

[93] Fei Tao, Meng Zhang, A. Y. C. Nee. Digital Twin Driven Smart Manufacturing[M]. London: Academic Press, 2019: 171-256.

[94] 国家电力调度控制中心. 电力现货市场实务[M]. 北京: 中国电力出版社, 2023: 25-65.

[95] Lezama Fernando, Soares Joao, Hernandez-leal Pablo, et al. Local Energy Markets: Paving the Path Toward Fully Transactive Energy Systems[J]. IEEE Transactions on Power Systems, 2019, 34(5): 4081-4088.

[96] Daneshvar Mohammadreza, Mohammadi-ivatloo Behnam, Abapour Mehdi, et al. Distributionally Robust Chance-Constrained Transactive Energy Framework for Coupled Electrical and Gas Microgrids[J]. IEEE Transactions on Industrial Electronics, 2021, 68(1): 347-357.

[97] 张小平, 李佳宁, 付灏. 英国电力零售市场的改革与挑战[J]. 电力系统自动化, 2016, 40(11): 10-16.

[98] 何永秀, 陈奋开, 叶钰童, 等. 澳大利亚零售市场电价套餐的经验及启示[J]. 智慧电力, 2019, 47(7): 19-23, 28.

[99] 王美艳, 何永秀, 陆野. 日本电力市场零售电价套餐体系设计的经验及启示[J]. 华北电力大学学报（社会科学版）, 2021, (1): 48-55.

[100] 张智. 计及偏差考核与需求响应的售电公司运营策略优化研究[D]. 杭州: 浙江大学, 2022.

[101] 郭曼兰, 陈皓勇, 张聪, 等. 偏差电量考核机制下售电公司的最优经营策略[J]. 电力系统自动化, 2017, 41(20): 17-25.

[102] Zhang Zhi, Jiang Yicheng, Lin Zhenzhi, et al. Optimal Alliance Strategies Among Retailers Under Energy Deviation Settlement Mechanism in China's Forward Electricity Market[J]. IEEE Transactions on Power Systems, 2020, 35(3): 2059-2071.

[103] 国家发展改革委. 国家发展改革委办公厅关于组织开展电网企业代理购电工作有关事项的通知[EB/OL]. (2021-10-23). [2023-3-20]. https: //www. gov. cn/zhengce/zhengceku/ 2021-10/27/content_5645848. htm.

[104] 樊嘉宏. 电力市场环境下的大用户直购电策略研究[D]. 长沙: 湖南大学, 2019.

[105] 刘妍, 谭建成. 南方区域大用户参与电力市场交易的现状及展望[J]. 南方电网技术, 2017, 11(11): 68-74.

[106] 郭兴磊. 电力市场风险规避及对市场力影响研究[D]. 重庆: 重庆大学, 2011.

[107] 谢开, 彭鹏, 荆朝霞, 等. 欧洲统一电力市场设计与实践[M]. 北京: 中国电力出版社, 2022: 1-336.

[108] 贺宜恒, 周明, 武昭原, 等. 国外典型电力平衡市场的运作模式及其对中国的启示[J]. 电网技术, 2018, 42(11): 3520-3528.

[109] 宋永华, 包铭磊, 丁一, 等. 新电改下我国电力现货市场建设关键要点综述及相关建议 [J]. 中国电机工程学报, 2020, 40(10): 3172-3187.

[110] Gang Wu, Yue Xiang, Yue Xiang, et al. Chance-constrained Optimal Dispatch of Integrated Electricity and Natural Gas Systems Considering Medium and Long-term Electricity Transactions[J]. CSEE Journal of Power and Energy Systems, 2020, 5(3): 315-323.

[111] XIONG Wei, LIU Hong-yu, JIANG Yan-li, et al. Bidding strategy of power generation enterprises in Hunan medium and long-term trading market[A]. 2018 2ND IEEE CONFERENCE ON ENERGY INTERNET AND ENERGY SYSTEM INTEGRATION[C]. IEEE, 2019: 507-512.

[112] 王小昂, 邹鹏, 任远, 等. 山西电力现货市场中长期与现货衔接问题及对策[J]. 电网技术, 2022, 46(1): 20-27.

[113] 贾兴. 与电力现货市场协同的电力中长期交易机制研究[D]. 北京: 华北电力大学, 2021.

[114] 张馨瑜, 陈启鑫, 葛睿, 等. 考虑灵活块交易的电力现货市场出清模型[J]. 电力系统自动化, 2017, 41(24): 35-41.

[115] Nicolas Hary, Vincent Rious, Marcelo Saguan. The electricity generation adequacy problem:

Assessing dynamic effects of capacity remuneration mechanisms[J]. Energy Policy, 2016, 91: 113-127.

[116] Aleksandra Komorowska, Pablo Benalcazar, Przemysław Kaszyński, et al. Economic consequences of a capacity market implementation: The case of Poland[J]. Energy Policy, 2020, 144: 111683.

[117] 瞿晖, 陈思捷, 李然, 等. 三种容量充裕性机制在引导最优容量方面的等价性和在影响发电商收入方面的差异性[J]. 中国电机工程学报, 2022, 42(8): 2910-2918.

[118] Sekamane Jonas-K. Addressing Adequacy Concerns with Contracts: Review of Past, Present and Possible Future[A]. 2018 15th International Conference on the European Energy Market (EEM)[C]. IEEE, 2018.

[119] 胡嘉骅, 文福拴, 蒙文川, 等. 计及偏差电量分解的跨省区电能交易结算新方法[J]. 电力系统自动化, 2016, 40(18): 135-142, 154.

[120] 严宇, 李庚银, 周明, 等. 基于模糊综合评价的交易结算偏差电量处理方法[J]. 电力系统自动化, 2019, 43(3): 200-204, 215.

[121] 陈中元, 林哲敏, 何川, 等. 电力中长期交易中的合同电量偏差考核机制[J]. 电力科学与技术学报, 2020, 35(1): 31-39.

[122] Reinier A. C. van der Veen, Alireza Abbasy, Rudi A. Hakvoort. Agent-based analysis of the impact of the imbalance pricing mechanism on market behavior in electricity balancing markets[J]. Energy Economics, 2012, 34(4): 874-881.

[123] Zhaoyuan Wu, Ming Zhou, Ting Zhang, et al. Imbalance settlement evaluation for China's balancing market design via an agent-based model with a multiple criteria decision analysis method[J]. Energy Policy, 2020, 139: 111297.

[124] Zani Alessandro, Rossi Stefano. Nodal Pricing Applied to Imbalance Settlement: Issues for Implementation in Zonal Markets[A]. 2018 15th International Conference on the European Energy Market (EEM)[C]. IEEE, 2018.

[125] 许小峰. 需求侧资源参与市场商业模式与投资决策[D]. 北京: 华北电力大学, 2020. DOI: 10. 27140/d. cnki. ghbbu. 2020. 000694.

[126] 沈建新. 基于智能优化的电力负荷预测方法研究[D]. 合肥: 合肥工业大学, 2015.

[127] 赵婧宇. 面向短期电力负荷预测的机器学习模型研究[D]. 天津: 河北工业大学, 2022.

DOI: 10. 27105/d. cnki. ghbgu. 2022. 000036.

[128] 凤河. 有限注意与 A 股市场股价回归预测[D]. 西安: 西安理工大学, 2019.

[129] 石亮缘, 周任军, 李娟, 等. 基于时间序列相似性度量的新能源-负荷特性指标[J]. 电力
自动化设备, 2019, 39(5): 75-81. DOI: 10. 16081/j. issn. 1006-6047. 2019. 05. 011.

[130] 王小昂, 王其兵, 李宏杰, 等. 山西电力中长期分时段交易机制的实践与分析[J]. 中国
电力企业管理, 2022(1): 54-57.

[131] 牛东晓, 孙丽洁, 周原冰, 等. 基于 GRA-IPSO-BPNN 的大中型水电项目投资估算模型
研究[J]. 全球能源互联网, 2020, 3(4): 404-411. DOI: 10. 19705/j. cnki. issn2096-5125.
2020. 04. 009.

[132] 钟以林, 徐文保. 概率密度法在风电功率波动特性分析的应用[J]. 电子世界, 2019(20):
54-55. DOI: 10. 19353/j. cnki. dzsj. 2019. 20. 023.